Kulturgeschichte
sehen lernen

Band 5

Gottfried Kiesow

Kulturgeschichte
sehen lernen

Band 5

monumente Publikationen
der Deutschen Stiftung Denkmalschutz

Vorwort

„Ich habe von ihm sehen gelernt. Auf vielen Reisen. Vor Kulissen aus Gotik oder Barock, aus Jugendstil, Renaissance oder Klassizismus. Mit ihm bin ich durch Kirchtürme geklettert, über Gebälk balanciert und habe dabei Kopf und Kragen riskiert. Mit ihm gemeinsam." Das schrieb Friedrich Ludwig Müller, Begründer der Zeitschrift MONUMENTE, im Juni 1997 bei der Ankündigung des ersten Bandes „Kulturgeschichte sehen lernen" und spricht damit vielen Studenten, Denkmalpflegern, Reise- und Vortragsteilnehmern und den Stiftungskollegen bis heute aus dem Herzen.

Wir haben von ihm sehen gelernt.

Auch die unzähligen Leser werden zustimmen: 111 Folgen seiner Artikelserie „Sehen lernen mit Gottfried Kiesow" sind bisher in der Zeitschrift MONUMENTE erschienen – 108 davon sind nun in den fünf Bänden der Buchausgabe zusammengefasst und in einer Gesamtauflage von über 100 000 Büchern gedruckt. Das ist eine unglaubliche Erfolgsgeschichte für eine Buchreihe, die Kunstgeschichte für ein breites Publikum aufbereitet.

Gottfried Kiesow macht aufmerksam auf die zunächst unscheinbaren Details, an denen Kunstgeschichte lebendig wird, wie den zweiten Taustab an der Taufe in der Kirche von Marienhafe oder den Absatz am Rundbogenfries am Turm der Marienkirche in Wismar. Er schafft es, in kurzen Beiträgen, große Bögen der europäischen Kunstgeschichte zu spannen, wie die Verbindung frühgotischer Kirchenbauten in der Normandie mit der Gestalt von Dorfkirchen in Ostfriesland oder die Epoche des Historismus. Er erklärt die Grundzüge der Dendrochronologie und stellt berühmte Orgeln vor. Die Anschaulichkeit und die Vielfalt an Themen machen diese Bücher so reizvoll, verbunden mit der für Gottfried Kiesow so charakteristischen Begeisterung. Er lässt den Funken überspringen, sodass wir nach der Lektüre gelernt haben, mehr zu sehen von dem, was Generationen vor uns geschaffen haben und was uns verpflichtet, es für nachfolgende Generationen zu bewahren.

Bonn, im Oktober 2011

Wolfgang Illert
Geschäftsführer der Deutschen
Stiftung Denkmalschutz

Inhalt   5   Vorwort

Was Dächer über Mensch und Zeit erzählen

10   Wohl bedacht im Wandel der Zeit
15   Dächer aus der Natur
21   Stein, Blei und Kupfer
26   Mönche, Biber und Nonnen

Wie sich der Historismus entwickelte

32   Neue und alte Formen in der Architektur
36   Edle Einfalt, stille Größe
41   Das Ende der Askese
46   Funktion und Ästhetik
51   Für jede Stimmung ein Stil
56   Sezession, Art nouveau und Jugendstil

Welches Material beim Bau Verwendung findet

62   Vom Marmor bis zum Marmorieren
65   Backstein ist nicht gleich Backstein
70   Solides Mauerwerk bewegt sich
73   Vom Findling zum Granitquader
77   Was Jahresringe verraten

Womit das Kircheninnere gestaltet wird

82 Frühgotik aus der Normandie

86 Löwen, Taustäbe und Palmetten

90 Bezahlt mit fetten Kühen

95 Mit Dukatengold überzogen

102 Ortsverzeichnis

104 Impressum

Was Dächer über Mensch und Zeit erzählen

So wie Menschen in allen Zeiten ein „Dach über dem Kopf" benötigten, so unterschiedlich fielen ihre Antworten aus. Gab anfangs die Natur in Form von Höhlen den Menschen Schutz, so ließ der Erfindungsreichtum bald eigene Konstruktionen folgen. Zuerst waren es natürliche Ressourcen wie Blätter, Schilf, aus denen Dächer errichtet wurden, vergänglich in den Jahreszeiten. Mit Holz, Lehm-, Ziegel- und Steinbau gelang es, über das Jahr und über den Zeitraum eines Menschenlebens und schließlich über Generationen hinaus, Beständigkeit zu schaffen. Dem folgte die funktionelle und künstlerische Ausgestaltung, die uns oftmals vor einem Bauwerk verharren lässt, dessen Dach durch seine Form oder durch Gauben, Dachlaternen, Fenster, Dachreiter und andere Elemente bleibenden Eindruck ausübt. Stets aber blieb die Hauptaufgabe, den Menschen Schutz, ein „Dach über dem Kopf" zu geben.

Was mit einer Laubhütte begann, wurde zur Dachbaukunst

Wohl bedacht im Wandel der Zeit

Abb. 1:
Antike Tempel besaßen flache Satteldächer wie z. B. das Maison Carrée in Nîmes, mit seinen flachen „tegulae"- und halbrunden „imbrex"-Ziegeln.

Man braucht vor allen Dingen erst einmal ein Dach über dem Kopf. Die Dächer der Baudenkmale dicht zu halten, ist deshalb auch die wichtigste Aufgabe der Denkmalpflege.

Vermutlich hat Adam nach der Vertreibung aus dem Paradies zunächst eine Laubhütte errichtet, so wie wir es als Kinder taten, nämlich nur aus einem dreieckigen Dach, gefügt aus gegeneinandergelehnten Stäben. Jedenfalls war dies die Bauweise in vorgeschichtlicher Zeit. Damit ist das Satteldach wohl die älteste Form des Schutzes gegen alle Unbilden der Witterung. Je nachdem, ob das Klima der jeweiligen Landschaft mehr durch Stürme oder Schneelasten geprägt ist, werden die Dächer der Bauernhäuser entweder tief herabgezogen oder flach mit Steinschindeln belegt.

Doch unterliegt das Satteldach in der städtischen Baukunst auch dem Einfluss des jeweiligen Baustils. Die Tempel der griechischen und römischen Antike hatten relativ flache Satteldächer, wie der „Maison Carrée" genannte Tempel in Nîmes (Abb. 1) zeigt. Er entstand bald nach Christi Geburt zur Zeit des Kaisers Augustus. Die vorromanisch-frühchristliche Baukunst übernahm das flache Satteldach. Der als Königspalast unter Ramiro 842–50 erbaute, dann 857 zur Kirche Santa María del Naranco geweihte Bau in Oviedo (Nordspanien, Abb. 2) folgt ganz der antiken Bautradition.

Das trifft ebenso für die karolingische Basilika in Michelstadt-Steinbach (Odenwald, Abb. 3) zu, von Einhard zwischen 821 und 827 geschaffen. Der Biograph und künstlerische Berater Karls des Großen folgte auch in anderen Bauformen der Antike. Er kannte wohl die zehn Bücher des römischen Baumeisters Vitruv, die dieser zur Zeit des Kaisers Augustus verfasste. Das Satteldach in Steinbach ist steiler als die in Nîmes und Oviedo. Es hat eine Neigung von 45 Grad, woraus sich für die Giebelspitze ein rechter Winkel ergibt. Für die romanische Baukunst ist diese harmonische, in sich ruhende Form des Satteldaches charakteristisch.

Die gen Himmel stürmende Gotik dagegen wollte hoch hinaus und bevorzugte deshalb gern das 60 Grad steile Satteldach, wodurch wie in Dreveskirchen (Nordwestmecklenburg, Abb. 4) ein ungefähr gleichseitiges Dreieck entstand.

Eine Sonderform des Satteldaches ist das Walmdach, das an seinen beiden Enden keinen Giebel bildet, sondern durch eine schräge Dachfläche, den Walm, abgeschlossen wird. Bisher gelten die Walmdächer der Elisabethkirche in Marburg (Abb. 5) als die ältesten. Die 1235 mit dem Chor begonnene Kirche erhielt ihr Langhaus zwischen 1257 und der Weihe 1283. Während die westfälischen Hallenkirchen auch ihre breiten Seitenschiffe mit Querdächern beiderseits des mittleren Satteldaches überdecken, diese aber nach außen mit Giebeldreiecken abschließen, wählte der Baumeister der Elisabethkirche dafür den Walm. Zum Glück hat die Elisabethkirche noch ihren originalen Dachstuhl, wie die Dendrochronologie

Abb. 2:
Frühchristliche und Vorromanische Bauten folgen der antiken Bautradition, so das Dach der Kirche Santa María del Naranco in Oviedo.

Abb. 3:
Ein wenig steiler mit einem 45°-Winkel mochte es die Romanik, wie hier am Beispiel der Basilika in Michelstadt-Steinbach verdeutlicht wird.

Abb. 4, links: Gotisch steil hinauf geht das Dach in Dreveskirchen, Mecklenburg-Vorpommern

Abb. 5, rechts: Das Walmdach, wie hier bei der Elisabethkirche in Marburg, verfügt an seinen Enden nicht über einen Giebel, sondern über eine geneigte Dachfläche, den sogenannten Walm.

genannte Altersbestimmung des Bauholzes ergeben hat, so dass die Verwendung des Walmes für die Entstehungszeit gesichert ist.

Wird das Dreieck des Walmes nicht bis auf die Trauflinie herabgezogen, sondern auf den oberen Teil mehr oder weniger stark begrenzt, spricht man vom Krüppelwalm, wie ihn das Rathaus von Michelstadt (Odenwald, Abb. 6) aus dem Jahr 1484 aufweist. Der Bau gehört zu den schönsten gotischen Holzbauten in Deutschland. Sein Satteldach mit Krüppelwalm ist deutlich höher als der eigentliche Baukörper und gleicht einem kieloben angeordneten Schiffsrumpf.

Pultdächer stellen gewissermaßen die Hälfte eines Satteldaches dar. Sie finden überall dort Verwendung, wo sich ein untergeordneter Bauteil an den Hauptbau anlehnt, wie beim Kreuzgang im Hochschloss der Marienburg (Abb. 7),

Abb. 6, links: Vertreter des Krüppelwalmdaches in Michelstadt (Odenwald)

Abb. 7, rechts: Eine populäre Art und Weise, ein Nebengebäude nach oben hin abzuschließen, liefert das Pultdach – wie hier über dem Kreuzgang des Hochschlosses der Marienburg.

vom Deutschen Ritterorden um 1274 bis 1300 im damaligen Ordensstaat erbaut. Auf diese Art tragen nicht nur Seitenschiffe von Basiliken Pultdächer, sondern auch unbedeutende Nebengebäude in Hinterhöfen. Wo ihr Gegenstück auf dem Nachbargrundstück verschwunden ist, bieten sie häufig keinen angenehmen Anblick. Gegeneinander versetzt können sie aber auch in der zeitgenössischen Baukunst ein interessantes Mittel zur Gestaltung einer Dachlandschaft sein.

Eine Neuschöpfung der barocken Baukunst ist das Mansarddach (Abb. 8), dessen Name auf die französischen Architekten François Mansart sowie Jules Hardouin-Mansart zurückgeht, der beim Schloss von Versailles das in einen flacheren oberen und einen steilen unteren Teil gebrochene Satteldach verwendete. Es ermöglicht die Nutzung des Dachraumes für die „Mansarden" genannten Zimmer, im Zeitalter des Absolutismus für die Unterbringung der zahlreichen Domestiken erforderlich. Durch die in der Brechung weiche Form und das große Volumen steigert das Mansarddach die repräsentative Pracht barocker Bauten.

Eine selten vorkommende Sonderform ist das Spitztonnendach. Beispiele finden sich bereits am Ende des 18. Jahrhunderts, unter anderem im Werk des preußischen Oberbaurats David Gilly (1748–1808), dann öfters zwischen den beiden Weltkriegen, so bei der Scheune des Gutes Garkau (Abb. 9) in Gleschendorf (Schleswig-Holstein). Sie gehört zu den von Hugo Häring 1924–25 im Stil der Neuen Sachlichkeit geschaffenen Wirtschaftsbauten.

Der Klassizismus entwickelte sich in der Zeit der Französischen Revolution als bewusste Abkehr vom prunkvollen Barock des Absolutismus und ersetzte deshalb das voluminöse Mansarddach durch ein scheinbar flaches Dach. König Friedrich Wilhelm von Preußen hatte 1822 in der Villa Reale del Chiatamone in Neapel gewohnt und wollte ein ähnliches Gebäude in Berlin besitzen. So wurde Karl Friedrich Schinkel 1824 beauftragt, neben dem Charlottenburger Schloss einen Pavillon (Abb. 10) zu bauen. Der klare, fast schmucklose Kubus scheint mit einem Flachdach abgeschlossen zu sein. In Wirklichkeit verbirgt die über das Dachgesims hochgezogene Wand – Attika genannt – ein niedriges Zeltdach. Das ist eine Sonderform des Walmdaches, bei der es keinen First gibt, sondern die vier dreieckigen Flächen eine Pyramide bilden.

Es gab schon zuvor Versuche, für Terrassen und Galerien echte Flachdächer zu schaffen. Dies scheiterte aber

Abb. 8: Das Mansarddach, wie hier am Beispiel des Schlosses Arolsen, zeichnet sich durch kürzere Dachschrägen und einen größeren Nutzraum aus.

Abb. 9: Das Scheunendach des Gutes Garkau in Gleschendorf ist ein Beispiel des selten vorkommenden Spitztonnendaches.

Abb. 10:
Hinter der über das Dachgesims aufragenden Attika des Schinkel-Pavillons im Charlottenburger Schlosspark ist das Zeltdach verborgen.

Abb. 11:
Das Flachdach des Bauhaus Dessau verkörpert die neusachliche Abkehr vom konventionellen Steildach.

Abb. 12:
Um den Anschein eines Steildaches zu erwecken, wurde schon einmal künstlich nachgeholfen.

an dem Problem einer dauerhaften Abdichtung horizontaler Flächen. Erst mit den technischen Möglichkeiten des 20. Jahrhunderts setzte sich das Flachdach durch, vor allem in der Neuen Sachlichkeit, die im Bauhaus von Dessau (Abb. 11) ein Zentrum besaß. Walter Gropius erbaute es 1925–26. Zu dieser „Internationaler Stil" genannten Richtung gab es Gegenströmungen von Architekten wie Paul Bonatz, Paul Schmitthenner und Paul Schultze-Naumburg, die am Steildach festhielten und deshalb nicht bei der vom Werkbund veranstalteten Bauausstellung der Weißenhofsiedlung 1927 in Stuttgart teilnehmen durften. Die Form des Daches – ob steil oder flach – wurde zur Weltanschauung.

Das steigerte sich noch in der zweiten Hälfte des 20. Jahrhunderts, als das Flachdach so dominierte, dass es schwer war, in denkmalgeschützten Ensembles ein steiles Dach durchzusetzen. Dort, wo Gestaltungssatzungen der Städte ein Steildach forderten, kam es zu Scheindächern, so beim Woolworth-Gebäude in der Altstadt von Eschwege (Nordhessen, Abb. 12). Dem Flachdach des breitgelagerten Gebäudes ist hier eine Schürze aus Ziegeln vorgehängt, wie man an der rechten Ecke deutlich erkennen kann.

Mit der sogenannten „Postmoderne" der 1970er Jahre wurde das Dogma des Flachdaches aufgegeben. Heute ist jede Dachform erlaubt, das Flachdach ist eher auf dem Rückzug und muss bei den wichtigsten Schöpfungen der Baukunst des 20. Jahrhunderts bereits verteidigt werden. Das ist ein Indiz dafür, dass wir einer neuen Kunstepoche entgegengehen, und ich wünsche uns allen, dass wir ihre ersten Zeugnisse noch erleben.

Wo Holz, Stroh und Reet Schutz bieten

Dächer aus der Natur

Abb. 1:
Bei den Schrotholzbauten wurden die Fugen zwischen den einzelnen Baumstämmen mit Rasensoden abgedichtet.

Kulturlandschaften entwickelten sich im Laufe der Geschichte aus den geologischen und topographischen Gegebenheiten, aus den klimatischen Verhältnissen, den ethnischen Eigenarten und den historischen Zusammenhängen. Sie prägen insbesondere auch die Baukunst, vor allem im ländlichen Raum, wo der Austausch mit anderen Kulturlandschaften nicht so stark war wie in den vom Fernhandel beeinflussten Städten. Gerade auch das Dachdeckungsmaterial in seiner Abhängigkeit vom Klima, den natürlichen, in der Nähe vorkommenden Materialien und den gewachsenen Traditionen charakterisiert eine Kulturlandschaft.

In der frühgeschichtlichen Zeit, als in den nördlichen Ländern außerhalb des Römischen Reiches noch die Holzbauweise vorherrschte, verwendete man aus der Natur direkt gewonnene Baustoffe, ohne sie wesentlich zu veredeln. Aus dieser Frühzeit sind keine Beispiele erhalten, doch hat die Archäologie uns zuverlässige Erkenntnisse verschaffen können. Etwa sieben Kilometer südlich der lettischen Stadt Cesis wurden

Abb. 2 und 3: Stadel im niederbayrischen Freilichtmuseum in Massing; Steine und querliegende Rundhölzer schützen die Dächer vor Sturmschäden.

(Abb. 1). Zur besseren Abdichtung der Fugen zwischen den Baumstämmen wurden Rasensoden als äußere Dachhaut eingesetzt. In den holzreichen Mittelgebirgen kann man sich dafür auch Baumrinden vorstellen.

Mit der Verfeinerung der Bearbeitungstechniken entwickelte man die Holzschindeln als Dachhaut. Man gewinnt sie in der einfachsten Form durch das Spalten von Holzklötzen, wie dies bei einem Stadel im niederbayerischen Freilichtmuseum in Massing (Kreis Rottal-Inn, Abb. 2) zu erkennen ist. Da das Museum bereits 1969 eröffnet wurde, sind die Holzschindeln wenige Jahre zuvor auf den umgesetzten Stadel aufgebracht worden und somit inzwischen etwa 40 Jahre alt. Die Oberfläche ist entsprechend verwittert, wodurch die Maserung besonders hervortritt, ohne dass die Haltbarkeit und Dichtigkeit der Dachhaut beeinträchtigt ist. In den bergigen Gebieten Bayerns hat man wegen der Dachlawinengefahr flache Dächer, bei denen andererseits die Gefahr des Windabwurfs besteht. Deshalb beschwert man bei einem anderen Stadel im Museum Massing (Abb. 3) das mit Holzschindeln gedeckte Dach mit Steinen, die durch querliegende Rundhölzer vor dem Abrutschen gesichert sind.

bereits 1876 beim kleinen Dorf Araisi mitten in einem See die Reste einer Holzburg aus dem 9. Jahrhundert entdeckt und in den letzten Jahrzehnten des 20. Jahrhunderts sorgfältig von den Archäologen ausgegraben und rekonstruiert. Entsprechend der in slawischen Ländern noch bis in das 19. Jahrhundert verbreiteten Schrotholzbauweise mit einem Wandaufbau aus Rundhölzern sind auch die Dächer gearbeitet

Für einfache landwirtschaftliche Nutzbauten begnügte man sich mit den grob gespaltenen Holzschindeln. Wo es auf Schönheit ankam, wurden die gespaltenen Bretter in den Klemmbock eingespannt und mit dem Ziehmesser geglättet. Tieft man zusätzlich den unteren Rand der Schindeln bogenförmig ein, entsteht ein kunstvolles Dach wie beim Taubenhaus (Abb. 4) im Massinger Museum.

Im Unterschied zum niederbayerischen Bergland mit seinen aus bis zu vier Einzelbauten bestehenden Hofanlagen mit relativ flachen Dächern sind im Schwarzwald alle Funktionen vom Wohnen über die Stallungen bis zur Scheune unter einem großen, tief herabgezogenen Dach vereinigt. Auch in diesem waldreichen Gebiet war die Dachdeckung mit Holzschindeln einst sehr verbreitet. Jetzt trifft man sie nur noch bei besonderen, unter Denkmalschutz stehenden und finanziell wirksam geförderten Gehöften an, wie zum Beispiel beim Schwarzbauernhof (Abb. 5). Die relativ großen Holzschindeln (Abb. 6) sind hier sorgfältig geglättet und ungestrichen im Naturholz belassen. Letzteres ist auch dringend zu empfehlen, da beim Farbanstrich einseitige Spannungen entstehen, die zu Verformungen führen. Die Aufwölbung zum Ortgang des Dacheinschnitts ist kunstvoll durch Kochen und Biegen des Holzes geschaffen, um den Wasserabfluss in die gewünschten Bahnen zu lenken.

In Nord- und Mitteldeutschland hat Holz seine Bedeutung als Dachdeckungsmaterial nahezu vollständig verloren, nicht jedoch beim Verkleiden von Wänden als Wetterschutz, wie das Beispiel des Fachwerkhauses Schlossgasse 21 im hessischen Büdingen (Abb. 7) zeigt. Besonders im waldreichen, jedoch klimatisch

Abb. 4: Müllersberger Taubenhaus im Massinger Museum mit bogenförmig eingetieften Schindeln

Was Dächer über Mensch und Zeit erzählen

Abb. 5 und 6:
Der Schwarzbauernhof im Schwarzwald – naturbelassenes Holzschindeldach

rauen Vogelsberg haben noch sehr viele Fachwerkbauten an der Wetterseite eine Holzschindelverkleidung, die zugleich ein sinnvoller Wärmeschutz ist.

Auch bedeutende Sakralbauten hatten einst Dachdeckungen aus Holzschindeln, wie dies bei der Friedenskirche im schlesischen Jauer (Abb. 8) und auch bei der in Schweidnitz noch zu sehen ist. Beide sind als größte Fachwerkkirchen aus der Mitte des 17. Jahrhunderts in die UNESCO-Liste des Welterbes eingetragen worden. Sogar steile gotische Turmhelme wie der der ehemaligen Stiftskirche in Rasdorf (Kreis Fulda) sind bis heute mit Holzschindeln gedeckt.

Neben dem Holzschindeldach war ursprünglich das Weichdach im länd-

Dächer aus der Natur

lichen Raum überall weit verbreitet. Wo es keine Seen oder Flussufer gab, hat man Stroh verwendet. Eines der letzten, bis heute mit Stroh gedeckten Bauernhäuser ist in dem 1713 erbauten Flammhof in Glottertal (Schwarzwald) erhalten. Man muss sich für das Mittelalter die Häuser in vielen Kleinstädten und Dörfern durchweg strohgedeckt vorstellen. Wegen der Brandgefahr wurde diese Dachdeckung in in späteren Jahren in vielen Ortschaften verboten und durch Tonziegel ersetzt. Auch Dorfkirchen waren in vielen Fällen ursprünglich mit Stroh oder Reet gedeckt. Letzteres ist sehr viel haltbarer, nicht so leicht entzündbar, jedoch von der Nähe zu Seen oder Flussufern abhängig, wo Schilf geerntet werden kann.

So ist das Hauptverbreitungsgebiet identisch mit dem Vorkommen des niederdeutschen Hallenhauses, also das norddeutsche Küstengebiet von Niedersachsen, Schleswig-Holstein, Brandenburg und Mecklenburg-Vorpommern.

Diesem großen Gebiet entsprechend vielfältig ist auch die Bezeich-

Abb. 7: Wetterfeste Holzschindelfassade in Büdingen (Hessen)

Abb. 8: Mit Holzschindeln gedecktes Kirchendach im schlesischen Jauer

19

Abb. 9: Dachdecker beim Decken eines Reetdaches

Abb. 10: Das niedergezogene Reetdach des Wehrt'schen Hofes in Borstel (Niedersachsen) dient als Windschutz.

nung des Materials als Reet, Reith, Ried oder Rohr. Heute spielt es nicht nur in der Denkmalpflege für Bauernhäuser eine wichtige Rolle, sondern auch bei Neubauten in den Badeorten Kampen auf Sylt oder Ahrenshoop auf dem Darß, wo es sogar in der Ortssatzung vorgeschrieben ist. Da auch sonst viele Bauherren von neuen Landhäusern die Schönheit eines Reetdaches lieben, wird genügend Schilfrohr geerntet, und es gibt auch noch die für eine qualitätvolle Eindeckung ausgebildeten Dachdecker. Denn von der Sorgfalt ihrer Arbeit (Abb. 9) und der Bereitschaft des Hausbesitzers, das Dach in regelmäßigen Abständen durch diese Fachleute pflegen zu lassen, hängt die Dauerhaftigkeit dieser ebenso schönen wie kostspieligen Dachdeckung ab, für die wegen der vor allem im Sommer erhöhten Feuergefahr leider auch erhöhte Beiträge zur Feuerversicherung zu zahlen sind.

Besonders eindrucksvoll ist die Reetdeckung bei niedersächsischen Hallenhäusern wie zum Beispiel dem bald nach 1632 erbauten Wehrt'schen Hof in Borstel (Landkreis Stade, Abb. 10) mit seinem tief über die seitlichen Kübbungen heruntergezogenen Dach, einer Bauweise, die den Stürmen der Küstenregionen am besten trotzen kann. Reetdeckungen gibt es nicht nur bei Häusern, sondern auch bei Sakralbauten wie der Dorfkirche von Alt Placht und sogar bei Windmühlen.

Dächer prägen das Bild von Kulturlandschaften

Stein, Blei und Kupfer

Nach der Behandlung der sogenannten Weichdächer aus Holz, Stroh oder Reet sollen hier weitere Materialien zur Dachdeckung beschrieben werden, die ebenfalls aus der Natur gewonnen werden, jedoch härter und damit nicht so feuergefährlich sind. Zum einen handelt es sich um Steinplatten, zum anderen um Metallbleche.

Im Solling, einem Mittelgebirge im Süden Niedersachsens zwischen Leine und Weser, kommt ein Sandstein vor, der sich leicht in Platten brechen und damit für die Deckung von Dächern verwenden lässt. Einst waren im Weserraum nahezu alle Bauten mit Sollingplatten gedeckt, heute sind es meist nur noch die besonders wertvollen Baudenkmale wie die Pavillons von Schloss Clemenswerth und das Haus Leck im hessischen Grebenstein bei Kassel (Abb. 1), das 1431 erbaut wurde und die Dachhaut aus den roten Wesersandsteinplatten 1606 erhielt. Es dient wegen seiner Bedeutung seit den 1960er Jahren als Ackerbürgermuseum. Einst besaßen auch die benachbarten Fachwerkhäuser dieses schöne und landschaftstypische Dachmaterial, jetzt sind sie mit Dachpfannen aus gebranntem Ton gedeckt. Diese halten zwar nicht so lange, sind aber leichter und preiswerter.

Der Nachteil der Sollingplatten ist ihr großes Gewicht, das zu Verformungen der Dachstühle führt. Deutlich zu erkennen ist das an der großen Scheune des Schlosses Bevern an der Weser (Abb. 2). Die ungefähr 40 × 50 Zentimeter großen und 2–3 Zentimeter di-

Abb. 1 links: Die Dachhaut des Haus Leck im hessischen Grebenstein ist heute noch mit Sandsteinplatten aus dem Weserraum gedeckt

Abb. 2: Durch Sollingplatten aufgewölbter Dachstuhl

Abb. 3: Assmanshausen am Mittelrhein Ende der 50er Jahre mit zahlreichen Schieferdächern.

cken Platten haben die tragenden Latten zwischen den Sparren des Dachstuhls eingedrückt, so dass eine wellenförmige Oberfläche entstanden ist. Dadurch liegen die Sollingplatten nicht mehr glatt, sondern beginnen sich zu verkanten und könnten abrutschen. Deshalb hat man bereits ein Schutzgitter angebracht. Man sollte bald eine Reparatur durchführen, bei der alle Platten abgedeckt, die Lattung verstärkt und eine Neudeckung unter Wiederverwendung des originalen Materials erfolgen muss. Wenn jedoch alte Platten nicht mehr verwendet werden können, ist es schwer, Ersatz zu beschaffen, weil die Steinbrüche im Weserraum seit längerem geschlossen sind. Das sind die Gründe für das allmähliche Verschwinden der Sollingplattendächer aus den Ortsbildern.

Im Altmühlgebiet und in Mainfranken findet man gelegentlich noch Dächer, die mit hellen Kalksteinplatten gedeckt sind, meist in der Verlegetechnik des Schiefers und oft mit diesem gemischt.

Damit kommen wir zum Schiefer, dem am weitesten verbreiteten Natursteinmaterial auf Dächern. Die geeigneten Vorkommen in Deutschland werden inzwischen leider wegen der im Vergleich zu Spanien oder Portugal höheren Kosten nur noch in geringem Maße abgebaut. Einst waren alle Dächer an der Mosel, der Lahn, am Mittelrhein, im Harz und in den thüringischen Randgebieten mit Schiefer gedeckt, so wie dies noch vor rund 50 Jahren in Assmannshausen am Mittelrhein (Abb. 3) der Fall war.

Kein anderes Material verlangt vom Dachdecker so sorgfältige Vorbereitungen wie der Schiefer, bei dem vor allem die Altdeutsche Deckung das Behauen jeder einzelnen Platte erfordert. Die aus dem Steinbruch gelieferten Rohtafeln müssen zunächst der Größe nach und entsprechend ihrer späteren Verwendung sortiert werden. Denn für eine Dachfläche wie bei der Scheune aus Battenfeld im hessischen Landkreis Waldeck-Frankenberg (Abb. 4) benötigt man bis zu 20 verschiedene Schieferfor-

Abb. 4: Das Decken einer Dachfläche mit Schiefer in Altdeutscher Deckung, wie bei dieser Scheune in Battenfeld, erfordert die sorgfältige Zubereitung jeder einzelnen Platte.

men. Dazu kommen weitere 13, wenn Kehlen bei Gauben einbezogen werden müssen oder die Wände kunstvoll gestaltet werden sollen. Auf der Haubrücke wird jede Platte einzeln für die vorgesehene Form mit dem Schieferhammer zugehauen. Die Grundform ähnelt beim sogenannten scharfen Hieb einem spitz nach unten zulaufenden Tropfen, während beim stumpfen Hieb die linke Krümmung schwächer ist und unten eine Gerade stehen bleibt. Ausgehend von der Trauflinie des Daches werden die Gebinde genannten Reihen schräg nach rechts ansteigend auf die Dachlatten genagelt. Dafür wurden auf der Haubrücke drei bis vier Löcher eingeschlagen. Man muss nichtrostende Nägel zum Beispiel aus Kupfer verwenden, weil Eisennägel, auch wenn sie verzinkt wurden, durch Rost zerstört werden. Die Platten sitzen dann locker und können herabfallen.

Es ist verständlich, dass diese kunstreiche Handwerksarbeit ihren Preis hat. Dennoch hat man bis zum 20. Jahrhundert sogar bei einfachen Wirtschaftsbauten den finanziellen Mehraufwand nicht gescheut, um wie bei der erwähnten Scheune auch die Wände in kunstvollen Mustern zu gestalten.

In England hat man die Altdeutsche Deckung nicht anwenden können, weil hier der Schiefer schwerer zu brechen ist und in dickeren Platten – fast wie bei den Sollingplatten – anfällt, die nur rechteckig zugehauen werden können. Wie völlig anders die englische Schieferdeckung wirkt, zeigt das Dach von Trerice House südlich von Newquay in Cornwall (Abb. 5). Diese Art war in England seit der Römerzeit üblich, griff dann im 19. Jahrhundert auch auf Deutschland über, da sie wesentlich billiger herzustellen ist. Als englischer Schiefer durch die niedrigen Transportkosten von Eisenbahn und Fährschiffen eingeführt worden war, begann man auch die englische Deckungsart mit deutschem Schiefer herzustellen, weil die rechteckigen Platten sehr einfach mit Schablonen zugehauen werden können. Während der englische Schiefer in unterschiedlichen, eher bräunlichen, rötlichen und grauen Tönen ein wechselhaftes Farbspiel aufweist, wirkt die

Abb. 5: Rechteckig zugehauene Schieferplatten auf dem Dach von Trerice House in Cornwall, England

Abb. 6: Gutshaus im Landkreis Stendal nach englischem Vorbild

Abb. 7: Der Nordturm der Pfarrkirche St. Nikolai in Lemgo mit barocker welscher Bleihaube

Abb. 8: St. Marco in Venedig

englische Deckungsart mit deutschem Schiefer oft uniform, wie man beim 1875 erbauten Gutshaus von Calberwisch im Landkreis Stendal (Abb. 6) bemerken kann.

Besonders haltbar sind Dachdeckungen aus Metall. Dabei werden Bleiplatten schon sehr lange verwendet. Für die Dome in Aachen und Köln sind Bleidächer bereits bei den karolingischen Bauten des 9. Jahrhunderts überliefert. Auch die kleine, aber als Eigenkirche des Bischofs Sigward von Minden sehr kostbare Dorfkirche von Idensen bei Hannover (erbaut 1120–29) besaß anfangs ein Bleidach, das aber 1670 aus finanziellen Gründen verkauft und durch Steinplatten ersetzt wurde. Heute ist der Turm wieder mit Blei gedeckt.

Der hohe Materialpreis ist auch der wichtigste Grund, warum so wenige Bleidächer erhalten sind. So wurden in England im Jahr 2007 zahlreiche Diebstahlmeldungen bei den Versicherungen eingereicht, als die Bleipreise von etwa 500 Dollar pro Tonne im Jahr 2002 auf 3 000 Dollar im Jahr 2007 angestiegen waren. Die hohen Kosten einer Bleideckung werden aber durch die lange Haltbarkeit ausgeglichen. Sie beruht auf der raschen Bildung einer silbergrauen Korrosionsschicht, die wasserundurchlässig ist und das Blei vor weiterer Sauerstoffzufuhr schützt. So können Bleidächer durchaus mehrere Jahrhunderte halten, zum Beispiel beim 1569 erbauten nördlichen Turmhelm der evangelischen Pfarrkirche St. Nikolai in Lemgo (Abb. 7), der erst jüngst erneuert werden musste.

Abb. 9:
Das Obere Belvedere in Wien mit seinen patinagrün schimmernden Dach

Nachteil der Bleidächer sind das Gewicht der durch Stehfalze miteinander verbundenen Platten und die hohe Wärmeleitung. Diese wurde zum Beispiel den Gefangenen in den Bleikammern genannten Zellen unter dem Blechdach des Dogenpalastes von Venedig zum Verhängnis. Andererseits sind Bleche aus Blei sehr geschmeidig und lassen sich durch Falzen und Löten auch bei komplizierten Formen wie den Laternen auf den Kuppeln von St. Marco in Venedig (Abb. 8) sehr gut abdichten und auch relativ einfach reparieren.

Wenn dennoch Kupferdächer bekannter und beliebter sind, so wegen ihrer leuchtend grünen Patina, wie sie das Obere Belvedere in Wien (Abb. 9), 1721–23 für den Prinzen Eugen erbaut, auszeichnet. Das mir bekannte früheste Vorkommen einer Kupferdeckung wird 1524 für die Stadtkirche St. Anna in Annaberg (Erzgebirge) überliefert, diese wurde jedoch schon 1604 durch den Brand des Kirchendaches vernichtet und nicht erneuert.

Kupfer lässt sich durch Falzen, Kanten, Biegen und Treiben gut verarbeiten. Jedoch schützt die im Volksmund fälschlich Grünspan genannte Patina das Kupfer nicht so dauerhaft, so dass schneller als beim Blei Reparaturen anfallen. Die nach der Zerstörung im Zweiten Weltkrieg erneuerte Kupferdeckung der Turmhelme des Lübecker Doms (Abb. 10) macht deutlich, dass sich die grüne Patina auf den zunächst rötlich glänzenden, dann schwarz werdenden gewölbten Flächen erst nach längerer Zeit bildet und so Reparaturen als schwarze Flecken erscheinen lässt. Es gibt zwar Mittel, die Patina durch chemische Behandlung sofort zu erzeugen, was jedoch ein zu gleichmäßiges Bild ergeben würde und die Haltbarkeit reduziert.

Abb. 10
Die schwarzen Flecken auf den Turmhelmen des Lübecker Doms zeugen von Reparaturen an der Kupferdeckung

Dachziegel – Geschichte und ihre Verbreitung

Mönche, Biber und Nonnen

Abb. 1: Tafelgemälde in der Nicolaikirche in Lüneburg mit schiefergedeckten Türmen im Hintergrund

Im vorhergehenden Beitrag habe ich geschildert, dass die Dachlandschaften in den Gebieten der Mosel, der Lahn, des Mittelrheins und in Teilgebieten Thüringens vom dunklen Naturschiefer geprägt sind, weil er dort abgebaut werden konnte. In den übrigen Kulturlandschaften Deutschlands dominieren rote Zie-

Abb. 2 (links): Römische „tegulae" mit darüber gestülpten Deckziegeln. Letztere sollten die Abdichtung der Fugen gewährleisten.

Abb. 3: Beim Krempziegel ist der Dachziegel linksseitig um eine konisch zulaufende Krempe erweitert, die den zur Römerzeit notwendigen Deckziegel ersetzt.

geldächer, nur bedeutende öffentliche Bauten heben sich durch Dachdeckungen mit Metall, Natursteinplatten oder Schiefer ab.

Das war in Lüneburg bereits im 15. Jahrhundert so, wie ein Tafelgemälde in der Nicolaikirche mit der Darstellung der Bestrafung des Statthalters Aegeas (Abb. 1) ausweist. Den Hintergrund der von Hans Bornemann um 1445 gemalten Szene bildet eine naturgetreue Wiedergabe der Stadtansicht von Lüneburg, bei der die Türme dunkelblau, also mit Schiefer gedeckt, alle übrigen Bauten mit roten Dachziegeln erscheinen.

Die Bezeichnung Ziegel stammt vom lateinischen „tegula" und bedeutet ursprünglich nur Dachziegel, abgeleitet vom lateinischen „tegere" für decken oder „tectum" für Dach. Im Sprachgebrauch mancher Gegenden bezeichnet man jedoch auch Backsteine zum Mauern als Ziegel. Die abgebildeten römischen „tegulae" (Abb. 2) – auch Leistenziegel genannt – befinden sich im Museum Mühlenturm von Kranenburg am Niederrhein und bestehen aus einer rechteckigen flachen Platte mit hochgebogenen Rändern an den Langseiten, über die halbrunde, konisch nach oben verjüngte Deckziegel zur Abdichtung der Fuge zwischen zwei Dachsteinen gestülpt worden sind.

Daraus entwickelte man im Mittelalter den Krempziegel (Abb. 3), bei dem beide Elemente – die flache Platte und der lose tütenförmige Wulst – zu einem Teil verschmolzen wurden, was die Verlegung erleichtert und die Dichtigkeit verbessert. Bischof Bernward von Hildesheim (um 960–1022) soll nach dem

Abb. 4: Mönch- und Nonnenziegel auf einem Dach in San Miguel de Escalada (Spanien)

Abb. 5: Der der Länge nach gebogene Hohlziegel eignet sich für Dächer mit einer Mindestneigung von 30 Grad.

Abb. 6:
Biberschwanzziegel ähneln durch ihre flache Beschaffenheit ihren Vorgängern den Holzschindeln.

Abb. 7:
In Fischschuppenmuster aneinander gereihte Biberschwanzziegel

Bericht seines Chronisten Thangmar den Krempziegel erfunden haben. Er findet sich heute noch vorwiegend im Bereich des ehemaligen Fürstbistums Hildesheim sowie im hessisch-thüringischen Grenzgebiet.

Erst mit dem Aufkommen der Backsteinbaukunst seit der Mitte des 12. Jahrhunderts kam es auch zu einer größeren Verbreitung der Deckung mit Dachziegeln. Zu den ältesten Formen gehören außer den Biberschwanzziegeln die Mönch- und Nonne-Ziegel. Diese altertümliche Dachdeckung ist wegen der höheren Kosten in Deutschland seltener geworden, findet sich jedoch in Frankreich und Spanien noch relativ häufig, so auch in San Miguel de Escalada (Abb. 4), einem 913 geweihten Kloster in der Nähe von León. Die historische Verlegungsart setzt sich aus einer unteren Reihe von gebogenen, konisch nach oben schmaler werdenden Pfannen – Nonne genannt – und einer gleichartigen, über die jeweiligen Stoßfugen gelegten, hier doppelten Reihe von Mönch genannten Ziegeln. Die einzelnen unteren Nonne-Ziegel hängen mit ihren rückwärtigen Nasen an der Lattung des Dachstuhls, wurden häufig auch im Mörtelbett verlegt.

Bis zur maschinellen Produktionsweise wurden die Mönch- und Nonne-Ziegel aus Lehm über einem schräg geschnittenen Halbholz mit der Hand geformt, getrocknet und dann gebrannt. Für bescheidene Nutzbauten beschränkte man sich auch auf eine einfache Rinnendeckung aus Nonnen im Mörtelbett. Da man für die Mönch-Nonne-Deckung die doppelte Zahl von Ziegeln benötigte, wurden sie nur für wichtige Bauwerke wie Kirchen, Burgen und andere öffentliche Bauten verwendet. Die maschinelle Herstellung erlaubte eine technische Verbesserung mit Falzen zur sichereren Abdichtung, so dass die alten Eindeckungen nur auf den ersten Blick im Äußeren den jüngeren Maschinensteinen gleichen. Deshalb sollte man bei jeder Instandsetzung möglichst viele historische Ziegel wiederverwenden, was generell für Handstrichziegel gilt. Da die einzelnen Ziegel relativ schmal sind, eignet sich die Mönch-Nonne-Deckung besonders für die gekrümmten Flächen von Apsisdächern und Turmhelmen. Dort hat man auch heute noch die Chance, sie anzutreffen, erkennbar an dem kräftigen Profil der gekrümmten Mönchziegel.

Der Hohlziegel (Abb. 5) entstand in Nordwesteuropa aus den Mönch-Nonne-Ziegeln durch die Verschmelzung der unteren Mulde mit der oberen Deck-

schale zu einem S-förmigen Ziegel, im Bild von der Bischofsburg in Rößel (Masuren, Polen) stammend. Er ist neben dem Biberschwanzziegel das am weitesten verbreitete Dachdeckungsmaterial vornehmlich im niederdeutschen Küstengebiet von Nord- und Ostsee. Um die mit ihren Nasen an der Lattung aufgehängten Hohlziegel sturmfest zu machen, kann man sie mit Draht festklammern oder in Strohdocken verlegen.

Wegen des kräftigen, den Mönch-Nonne-Deckungen nahekommenden Profils sind die Hohlziegel für Baudenkmale sehr geeignet, wobei naturrote – nicht eingefärbte – gewählt werden sollten. Denn die Denkmalpflege schätzt die unterschiedliche Alterung des Materials mit seiner Mehrfarbigkeit.

Neben dem Hohlziegel hat der Biberschwanzziegel die größte Verbreitung vornehmlich in den deutschen Mittelgebirgslandschaften gefunden. Es handelt sich um völlig flache Ziegel in verschiedenen Formen, jedoch in gleicher Verlegungsart. Die einzelnen Ziegel werden mit der Nase an die dafür besonders eng auf die Dachsparren aufgenagelte Lattung gehängt, wobei bei der sogenannten Doppeldeckung die jeweilige Stoßfuge von der nächsten, um die Hälfte verschobenen Reihe abgedeckt wird. Bei der Kronendeckung wird noch eine weitere Schicht aufgelegt.

Der älteste Biberschwanzziegel mit rautenförmigem Spitzschnitt wurde im Bereich des Klosters Hirsau im Schwarzwald gefunden und soll aus dem 11. oder 12. Jahrhundert stammen. Dort ist auch heute noch dieser spitze Biberschwanzziegel anzutreffen (Abb. 6), sonst eher selten. Die schuppenförmig verlegten Platten sind einfach herzustellen und zu verarbeiten. Sehr verbreitet ist der Biberschwanzziegel mit Segmentschnitt. Bei den Ziegeln auf dem Dach der Scheune des Schlosses im hessischen Büdingen (Abb. 7) handelt es sich um altes Material, das bis in das frühe 17. Jahrhundert datiert werden kann.

Die in holzbefeuerten Brennöfen mit unterschiedlicher Temperatur gebrannten Ziegel zeigen mit zunehmender Alterung das lebhafte Farbenspiel, das hervorragend zur natürlichen Patinierung aller historischen Materialien passt. Deshalb hat das Land Hessen bei der Neudeckung des Eingangsgebäudes unmittelbar vor der Ringmauer der Kaiserpfalz in Gelnhausen (Abb. 8) die Mehrkosten für handgestrichene, im holzbefeuerten Ofen gebrannte Biberschwanzziegel – hier im Rundschnitt – ausgegeben. Segmentbogen- und Rundschnitt sind die häufigsten Formen der

Abb. 8: Natürlich patinierte Biberschwanzziegel im Rundschnitt auf dem Eingangsgebäude der Kaiserpfalz in Gelnhausen

Abb. 9: Biberschwanzziegel im Geradschnitt in Wald-Amorbach im Odenwald

Abb. 10:
Schmuckdach aus glasierten Ziegeln, wie hier auf dem Dach des Hôtel-Dieu de Beaune in Burgund

Biberschwanzziegel. Seltener ist der Geradschnitt, der Holzschindeln gleicht und vornehmlich auf landwirtschaftlichen Nutzbauten zu finden ist, wie in Wald-Amorbach/Odenwald (Abb. 9).

Mit glasierten Biberschwanzziegeln unterschiedlicher Farbgebung konnte man im Mittelalter prächtige Schmuckdächer schaffen. Zu bewundern sind sie zum Beispiel beim ehemaligen Hospital Hôtel-Dieu de Beaune (Burgund, Abb. 10), dort allerdings wie auch beim Wiener Stephansdom oder beim Mangturm in Lindau am Bodensee mit erneuertem Material, jedoch in den historischen Mustern.

Zum Abschluss der Darstellung historischer Dachdeckungsarten aus Tonziegeln will ich noch kurz auf die Hohlfalzziegel (Abb. 11) eingehen, die am Ende des 19. Jahrhunderts aufkamen. Die maschinelle, im Zuge der Industrialisierung mögliche Herstellung komplizierter Formen erbrachte die Verbesserung des Hohlziegels durch die Bereicherung mit Falzen. Das ermöglicht eine gute Abdichtung und Sturmfestigkeit, das erwünschte Profil der Dachflä-

che wird aber beibehalten. Leider ist hier nur eine grobe Übersicht über die Arten von Dachziegeln möglich. Es gäbe auch noch viel über Firstziegel, Dachreiter, Feierabendziegel oder Ziegelzeichen zu schreiben, wie sie in den Ziegelmuseen in Glindow oder Mainz zu sehen sind.

Abb. 11:
Mithilfe der industriell hergestellten Hohlfalzziegel wurde die Wetterfestigkeit von Tonziegeln optimiert.

Wie sich der Historismus entwickelte

Kaum ein anderer Baustil hat in so kurzer Zeit einen so erstaunlichen Formenwandel durchgemacht wie der Historismus in der Zeit zwischen der Wende zum 19. Jahrhundert und dem Beginn des Ersten Weltkriegs. Dem Klassizismus folgten Romantischer sowie Gründerzeitlicher Historismus als Ausprägungen des historistischen Formenkanons. Nach 1890/1895 konkurrierte in Deutschland, dank Wilhelms II. barocker Architekturauffassung, der Späthistorismus noch rund 20 Jahre mit Jugendstil und Neoklassizismus. Diesen Phasen ist in der Folge jeweils ein Artikel gewidmet, die auch zeigen werden, dass der oft gebrauchte Vorwurf gegen den Historismus, er setze nur Versatzstücke einzelner Stilepochen neu zusammen, nicht richtig ist. Architekten wie Gottfried Semper, Friedrich von Thiersch und viele andere nutzten schöpferisch die Elemente der Vergangenheit und schufen Bauwerke eigenen Stils.

Erleben wir einen neuen Historismus?

Neue und alte Formen in der Architektur

Abb. 1:
Die Rundbögen der Königshalle in Lorsch sind eine Hommage an den römischen Kaiser Konstantin, dessen Toleranzedikt im Jahre 311 das Ende der Christenverfolgung einläutete.

Die Historismus genannte, im 19. Jahrhundert auftretende Baukunst wurde bis vor wenigen Jahrzehnten als unschöpferisch, als bloßer Stileklektizismus abgewertet, da sie sich die historischen Stile zum Vorbild genommen hatte. Dabei wurde jedoch übersehen, dass sich in der abendländischen Baukunst schon immer Phasen eines engeren Anlehnens an vorhergehende Stile mit solchen völliger Neuschöpfungen ablösten.

So nahm sich die romanische Baukunst die Spätantike und das Frühchristentum zum Vorbild. Karl der Große und die Karolinger wollten das Römische Reich im Zeichen des Christentums neu entstehen lassen. Für seine Pfalzkapelle in Aachen folgte Kaiser Karl dem Beispiel der frühchristlichen Kirche San Vitale in Ravenna, erbaut 525–47. Seine Nachfolger ließen sich bei der Königshalle in Lorsch (Abb. 1) vom Bogen des

Abb. 2 (links): Das Baptisterium in Florenz, in der zeitlichen Zuordnung eigentlich ein romanischer Bau, in den Formen jedoch eine Vorwegnahme der Renaissance

Abb. 3: Am Obergeschoss des Baptisteriums findet man kannelierte Pilaster wie an antiken Bauwerken.

Kaisers Konstantin in Rom inspirieren, denn Konstantin hatte das Christentum toleriert und so eine erste Blüte der christlichen Baukunst ermöglicht. Innerhalb der romanischen Baukunst Italiens existiert mit der sogenannten Florentiner Protorenaissance eine weitere historisierende Phase, denn am Baptisterium San Giovanni in Florenz (geweiht 1059, Abb. 2) entdeckt man am Obergeschoss (Abb. 3) Formen der antiken Baukunst wie die kannelierten Pilaster, so dass man im 15. Jahrhundert diesen Bau für einen antiken Marstempel hielt.

Die Gotik hingegen war ein sehr innovativer Baustil, der sich an keinen historischen Stil anlehnte. Ihr folgte die Renaissance als eine historische Wiederbelebung der Antike. Im gleichmäßigen Wechsel war mit dem Barock abermals ein eigenwilliger, schöpferischer Stil an der Reihe, in dem es jedoch aus bestimmten Gründen historisierende Unterströmungen gab. So bedienten sich

Abb. 4: An der Jesuitenkirche in Molsheim sind im 17. Jahrhundert gotische Formen verarbeitet.

Abb. 5: Auch das Innere ist vom Geist der Gotik geprägt.

Wie sich der Historismus entwickelte

Abb. 6:
Am Mainzer Dom fand der Sohn Balthasar Neumanns eine Synthese aus Romanik, Gotik und Barock.

die Jesuiten bei der Gegenreformation gern gotischer Bauformen, wie 1614–18 im elsässischen Molsheim. Man wollte damit die Frömmigkeit des Mittelalters beschwören. Da die gotische Architektur nach oben weist, wo Gott thront, hat sie von sich aus eine fromme Aussage. Man nennt dies einen assoziativen Historismus. Bei der Außenansicht der Jesuitenkirche von Molsheim (Abb. 4) kann man im Anblick der schlanken Spitzbogenfenster mit dem Fischblasenmaßwerk auf einen Bau des 15. Jahrhunderts schließen und den Volutengiebel an der Seitenkapelle sowie die Turmbekrönungen für spätere Zutaten des 17. Jahrhunderts halten. Im Inneren (Abb. 5) verraten nur die toskanischen Kapitele an den Rundpfeilern ihre Herkunft aus dem frühen 17. Jahrhundert, die Spitzbögen der Arkaden und Emporen wie auch die Netzwölbung sind ganz vom Geist der Gotik geprägt.

Nachdem 1767 ein Brand in Mainz den gotischen Spitzhelm vom Westturm des Doms zerstört hatte, schuf Franz Ignaz Michael Neumann – Sohn des berühmten Balthasar – den neuen Abschluss (Abb. 6) in einer Mischung aus gotischen und barocken Formen, die auf das darunterliegende gotische Geschoss und die romanischen Geschosse eingehen. Georg Dehio würdigte in seinem Handbuch diesen Historismus treffend mit den Worten: „Unbeschwert durch archäologische Gelehrsamkeit hat er mittelalterliche und barocke Formenelemente nicht etwa ratlos, sondern mit künstlerischem Instinkt so zusammengemischt, dass etwas dem Geist des ersten Meisters Kongeniales entstanden ist." Man nennt diese Architektur Historismus der Konformität, der zum Ziel hat, trotz der in verschiedenen Kunstepochen entstandenen Bauteile zu einer künstlerischen Einheit zu gelangen.

Abb. 7:
Die im Barock zu einer Basilika umgestaltete Pfarrkirche von Erbach im Rheingau

Abb. 8:
Im Innern von St. Markus ein neugotisches Rippengewölbe, entstanden im Barock

Neue und alte Formen in der Architektur

*Abb. 9
Gotik verstanden als Exotik, wie hier im Gartenreich von Wörlitz am Ende des 18. Jahrhunderts*

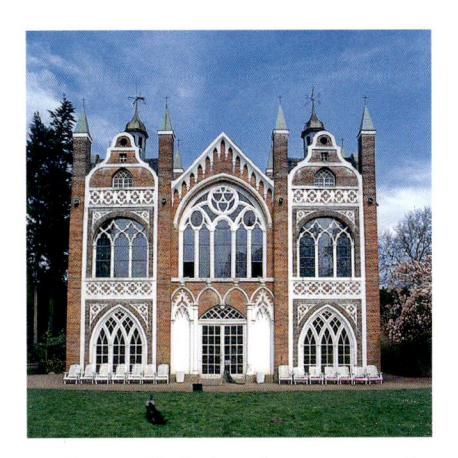

Dieses Verhalten kann man sehr anschaulich an der Kathedrale von Orléans beobachten, jedoch auch an der katholischen Pfarrkirche von Erbach im Rheingau. Hier wurde eine Hallenkirche von 1477–1506 in den Jahren 1721–28 zu einer Basilika umgebaut und mit einem neuen Chor versehen. Am Außenbau (Abb. 7) sind die neuen Bauteile an den barocken Korbbogenfenstern zu erkennen, im Inneren (Abb. 8) beherrscht die neugotische Rippenwölbung den gesamten Raum, nur die Pilaster anstelle gotischer Gewölbedienste lassen ihre Entstehung im 18. Jahrhundert erkennen.

In dieser Zeit nutzte man im Profanbau die gotischen Bauformen als einen exotischen, den chinesischen oder japanischen Importen ähnlichen Stil zur Erzeugung romantischer Gefühle. Das geschah besonders häufig bei den sogenannten Staffagebauten in Englischen Landschaftsgärten, zum Beispiel im Gartenreich von Wörlitz, in dem sich Fürst Leopold III. Friedrich Franz 1773–86 nach Vorgaben von Friedrich Wilhelm von Erdmannsdorff durch seinen Baudirektor Georg Christoph Hesekiel das Gotische Haus (Abb. 9) als privates Refugium erbauen ließ. Einen beachtlichen Rittersitz gab Landgraf Wilhelm IX. 1793–1801 bei seinem Baumeister Heinrich Christoph Jussow mit der Löwenburg im Park von Kassel-Wilhelmshöhe (Abb. 10) in Auftrag. Dafür durfte Jussow 1791–98 den Mittelbau des dortigen Schlosses in den ihm näherstehenden Formen des Klassizismus erbauen. Der Landgraf und spätere Kurfürst bevorzugte jedoch die künstliche Ruine seiner gotischen Ritterburg, die er innen mit echten gotischen Kunstwerken ausschmücken ließ.

Hier sind wir bereits an der Grenze zum endgültigen Historismus des 19. Jahrhunderts angelangt, in dem alle Stile beinahe in historischer Reihenfolge wiederaufgenommen wurden. So entstand eine enorme Vielfalt, die bei der gewaltigen Baukonjunktur in den rasant wachsenden Städten jegliche Uniformität vermeiden ließ.

Im 20. Jahrhundert wandte man sich mit dem Internationalen Stil der Neuen Sachlichkeit radikal von allen historischen Stilen ab. Gehen wir jetzt in der logischen Abfolge wieder einem neuen Historismus entgegen, wofür der Wunsch nach dem Wiederentstehen total verschwundener Bauten zu sprechen scheint?

*Abb. 10:
Die sogenannte Löwenburg im Park von Kassel-Wilhelmshöhe ist einer gotischen Ritterburg nachempfunden.*

Mit dem Klassizismus begann der Historismus

Edle Einfalt, stille Größe

*Abb. 1:
Der Baukörper beim Schloss in Wörlitz zeugt von der Verwurzelung des Klassizismus in der griechischen Antike.*

Der Begriff Historismus für die Kunst des 19. Jahrhunderts taucht erstmals 1938 bei Hermann Beenken in seinem Aufsatz „Der Historismus in der Baukunst" auf. Er steht für die Wiederaufnahme historischer Stile und hat sich seitdem allgemein durchgesetzt. Während Hans Gerhard Evers ihn später noch objektiv wie folgt definiert: „Der Historismus ist eine Form, die wiederholt, was es als Form schon einmal gegeben hat", zeugt die Definition von Nikolaus Pevsner „Historismus ist die Haltung, in der die Betrachtung und Benutzung der Geschichte wesentlicher ist als die Entdeckung und Entwicklung neuer Systeme, neuer Formen der eigenen Zeit" bereits von der Ablehnung, die der Historismus seit dem Ende des Ersten Weltkriegs erdulden musste. Erst seit etwa 1970 erhielt er die ihm zukommende Anerkennung, die zuvor schon Musik, Literatur und Malerei dieser Zeit genossen hatten.

Es ist das Schicksal aller Baustile, dass sie zunächst durch das Fegefeuer der Verdammnis gehen müssen. Dies hat zur Folge, dass einige Stilbezeichnungen abwertend sind. Die Gotik nannte man in der Renaissance nach den damals als barbarisch angesehenen Goten, die angeblich Rom zerstört haben sollen. Der Begriff Barock leitet sich vom portugiesischen barroco (schiefrunde Perle) ab und wurde in der Zeit der Aufklärung im Sinne von schwülstig oder absonderlich verwendet. Jede Generation will die Welt nach ihren eigenen Vorstellungen gestalten und lehnt die ihrer Väter und Großväter ab. Diesem Gesetz verdanken wir den Reichtum unserer Kultur mit ihren vielfältigen Stilen.

Interessant dabei ist, dass sich stets Phasen mit dem Rückgriff auf ältere Stile mit solchen innovativer Neuentwicklungen abwechseln: Die Romanik geht auf die spätrömisch-frühchristliche Kunst zurück, während die Gotik eine Neuerung darstellt. Die Renaissance sieht sich selbst als Wiederaufnahme der Antike, dagegen bedeutet der Barock eine Neuentwicklung, auf die der Historismus als Rückgriff auf alle Stile folgt. Im 20. Jahrhundert war er zutiefst verachtet, weil die Architekten der Neuen Sachlichkeit glaubten, sich nur so gegen die alten Katheterpäpste an den technischen Hochschulen durchsetzen zu können, die immer noch das Entwerfen in historischen Stilen verlangten.

Historische Unterströmungen hat es zu allen Zeiten gegeben. Der Historismus aber ist die Hauptströmung in der Baukunst zwischen der Französischen Revolution von 1789 und dem Beginn des Ersten Weltkriegs 1914. Früher hat man den Klassizismus als einen selbständigen Stil bezeichnet. Doch schon 1922 wies Siegfried Gideon darauf hin, dass er „kein Stil, sondern eine Färbung sei. Kaum ein Geschlecht, durch das nicht – stärker oder schwächer – klassizistische Zuckungen gingen." So gab es den Neoklassizismus um 1870 ebenso wie zu Zeiten des Ersten Weltkriegs, aber auch in der Architektur Hitlers, Mussolinis und Stalins. Deshalb sollte man bei Klassizismus besser von antikisierendem Historismus als der ersten Stilphase des Historismus sprechen. Da der Begriff Klassizismus gebräuchlich ist, will ich ihn weiter verwenden.

In den 125 Jahren des Historismus sind sechs Stilphasen zu erkennen: Dem Klassizismus (1789–1830) folgen der Romantische (1835–60), der Gründerzeitliche (1860–88) und der Späthistorismus (1888–1910) sowie der Neoklassizismus (1910–1925). Parallel zum Späthistorismus bildete sich der Jugendstil aus (1895–1910).

Nach Deutschland gelangte der Klassizismus von England aus. Dort hat es nie einen so ausgeprägten Barock wie in Italien, Österreich und Süddeutschland gegeben, denn dies ist der Stil der Gegenreformation, deshalb überwiegend auf südliche, katholische Länder beschränkt. In Großbritannien bevorzugte man schon seit dem frühen 17. Jahrhundert den sogenannten Palladianismus, genannt nach dem berühmten italienischen Renaissance-Architekten Andrea Palladio (1508–80), zuerst zu finden beim Queen's House in Greenwich von Inigo Jones (1573–1652), erbaut ab 1616. Vom Palladian Mansion im Prior Park bei Bath (Abb. 2), erbaut 1735–45 durch John Wood d. Ä., übernahm dann Friedrich Wilhelm von Erdmannsdorff (1736–1800) den frühen Klassizismus für das Schloss in Wörlitz (Abb. 1). Der bei beiden schlichte, kubisch klare Baukörper hat als einzigen Schmuck den durch beide Geschosse reichenden Portikus mit monumenta-

Abb. 2: Der kubische Baukörper des Palladian Mansion im Prior Park bei Bath zeichnet sich durch schlichte Geradlinigkeit aus, ein typisches Stilmerkmal klassizistischer Architektur.

Abb. 3:
In ihrer nüchternen Form bricht die Fassade des Zollhauses von Ledoux in Paris radikal mit dem Prunk des Barock.

Abb. 4:
Die Würzburger Residenz vereint die wesentlichen Stilmerkmale des europäischen Barocks.

Abb. 5:
Im Gegensatz dazu das klassizistische, vertikal gegliederte Erbprinzenpalais in Wiesbaden

auch das 1784–87 errichtete Zollhaus von Ledoux an der Place Denfert-Rocherau in Paris (Abb. 3). Der bis auf das Kranzgesims schlichte Baukörper markiert die deutliche Abkehr von den überreich dekorierten Fassaden des Barock und betont den Protest gegen die verschwenderische, sinnenreiche Baukunst, die für den Absolutismus dieser Zeit steht.

Die Ideale eines vollkommenen Menschentums sah man damals in den demokratisch regierten Stadtstaaten der griechischen Antike. Die Devise der Zeit lautete „Edle Einfalt, stille Größe", und die sollte die Baukunst ausstrahlen. Noch nie in der Kunstgeschichte zuvor wurde die Entstehung eines neuen Stils in Schriften so intensiv vorbereitet. Geistiger Wegbereiter des Klassizismus waren Johann Joachim Winckelmann (1717–68) mit seinen „Gedanken über die Nachahmung der griechischen Werke" von 1755, der Architekt Friedrich August Krubsacius mit seinen „Betrach-

len Säulen und abschließendem Giebeldreieck.

Die andere Wurzel des deutschen Klassizismus liegt in der französischen Revolutionsarchitektur der Baumeister Étienne-Louis Boullée und Claude-Nicolas Ledoux, deren Werke allerdings schon vor dem Ausbruch der Revolution von 1789 entstanden waren, so

tungen über den wahren Geschmack der Alten in der Baukunst" von 1747 sowie James Stuart und Nicholas Revett mit ihrem Werk „The antiquities of Athens" von 1762.

Wie radikal der Klassizismus sich vom Barock abgesetzt hat, demonstriert der Vergleich der Würzburger Residenz (Abb. 4) – geschaffen von Balthasar Neumann ab 1720 – mit dem 1813–17 von Christian Zais erbauten Erbprinzenpalais in Wiesbaden (Abb. 5). Hier ein stark gegliederter Baukörper um einen Ehrenhof – dort der kristallinisch klare Kubus mit der Schärfe unbetonter Ecken, hier eine durch Fensterverdachungen, Säulen und Pilaster reich dekorierte Fassadengliederung mit der Betonung der Vertikalen, dort der weitgehende Verzicht auf alle Ornamentik mit der Säule als einzigem Schmuck und der Betonung der Horizontalen.

An die Stelle der voluminösen barocken Mansarddächer treten flach geneigte Satteldächer, die sich hinter der Attika (Erhöhung der Außenwände über das Kranzgesims hinaus) verstecken und so die Illusion von Flachdächern erzeugen. Das wird besonders deutlich bei Karl Friedrich Schinkels Altem Museum in Berlin (Abb. 6), bei dem die Betonung der Horizontalen durch die gleichmäßige Reihung der ionischen Säulen verstärkt wird, die zwei Geschosse scheinbar als eins erscheinen lassen.

Bei der Gestaltung der Innenräume könnte die Entwicklung vom überreichen Schmuck wie beim Kaisersaal der Würzburger Residenz (Abb. 7) hin zur Schlichtheit des Weißen Saals im

Abb. 6: Schinkels Altes Museum in Berlin

Abb. 7: Fresken und vergoldete Stuckaturen im Kaisersaal der Würzburger Residenz

Wie sich der Historismus entwickelte

*Abb. 8 :
Säulen als wichtigstes Gestaltungselement klassizistischer Architektur wie hier im Weißen Saal des Weimarer Schlosses*

*Abb. 9 (links):
Der Dom zu Fulda gilt mit seinen Kuppeln und Doppeltürmen als typischer Vertreter des Barock*

*Abb. 10 :
Die evangelische Kirche in Karlsruhe ist auf den ersten Blick nicht als Gotteshaus zu erkennen.*

Schloss von Weimar (Abb. 8) nicht größer sein. Mit der Beschränkung auf die Säulen als wichtigstem Gestaltungselement und der Betonung der Horizontalen durch die kassettierte Flachdecke hat Heinrich Gentz 1800–03 – in Zusammenarbeit mit Goethe – die Prinzipien für die klassizistische Innenarchitektur beispielhaft verwirklicht.

Auch im Kirchenbau vollzieht sich der Wandel vom Barock ähnlich radikal wie im Profanbau. Man nahm sich hier die griechischen und römischen Tempel zum Vorbild. An die Stelle des vielteiligen Baukörpers aus Doppeltürmen, flankierenden Kapellen und zentraler Kuppel wie beim Dom in Fulda (Abb. 9) von Johann Dientzenhofer (1704–12) setzt Friedrich Weinbrenner mit der evangelischen Kirche in Karlsruhe von 1807–16 (Abb. 10) den klaren, rechteckigen Kubus eines römischen Tempels mit dem Säulenportikus als einzigem Schmuck. Da antike Tempel keinen Glockenturm hatten, versetzte Weinbrenner ihn an die rückwärtige Ostseite, damit er nicht zu stark in Erscheinung tritt.

Zusammenfassend ist zur Charakterisierung klassizistischer Bauten festzuhalten, dass man freistehende Kuben mit scharfen Kanten ohne Pilastergliederung bevorzugt, die Horizontale betont und das Dach unterdrückt, in dem man es hinter der Attika versteckt, um den Eindruck eines Flachdachs zu erwecken.

Vom Klassizismus zum Romantischen Historismus

Das Ende der Askese

Die klassizistische Architektur mit ihren Formen der griechischen und römischen Antike konnte nur für eine begrenzte Zeit die Bauaufgaben im zweiten Drittel des 19. Jahrhunderts lösen, zumal sich die Länder Europas nach den Napoleonischen Kriegen wirtschaftlich wieder erholten und die fortschreitende Industrialisierung neue Anforderungen stellte.

Im Kirchenbau bestand das Problem, dass die antiken Tempel, die eigentlich heidnisch waren, keine Glockentürme kannten. Friedrich Weinbrenner versetzte 1807–16 den Glockenturm bei seiner evangelischen Pfarrkirche in Karlsruhe möglichst weit nach hinten, damit es nicht zu einem Konflikt mit dem Säulenportikus der Tempelfront kam, wie dies in Edinburgh mit St Andrew's and St George's Church geschehen war. Der Architekt Andrew Fraser hatte sie stilgerecht als antike Tempelfront entworfen. Da sie aber für die Kirchengemeinde ohne Turm einen zu profanen Charakter besaß, erhielt William Sibbald 1789 den Auftrag, einen Turm auf die Säulenhalle zu setzen (Abb. 1), ein durchaus misslungener Versuch, aus einem Tempelbau eine christliche Kirche zu machen.

Es gibt im Klassizismus zahlreiche Beispiele, wo sich Kirchen und Profanbauten so stark gleichen, dass man sie kaum auseinanderhalten kann. Als Pierre Vignon 1808 in Paris mit dem Bau der Pfarrkirche La Madeleine begann, war man sicher, dass das Schönste eben gut genug sei für das Höchste in der Baukunst, den Kirchenbau. Und das Schönste war nach der allgemein geltenden Ansicht im Klassizismus nun einmal der griechische Tempel. Doch auch die Börsianer wollten für ihren Bau in Paris das Schönste, und so wählte Alexandre-Théodore Brongniart 1808 ebenfalls den griechischen Tempel als Vorbild für ihr Gebäude, das heutige Palais Brongniart.

*Abb. 1:
Die St Andrew's and St George's-Stadtkirche in Edinburgh als ein Konglomerat aus Antike und Christentum*

41

Wie sich der Historismus entwickelte

Abb. 2: Das 1823–26 in der Nachfolge Palladios erbaute Jagdschloss Platte

Abb. 3: Die eingestürzte Bonifatiuskirche in Wiesbaden mit aufgesetzten Kirchtürmen

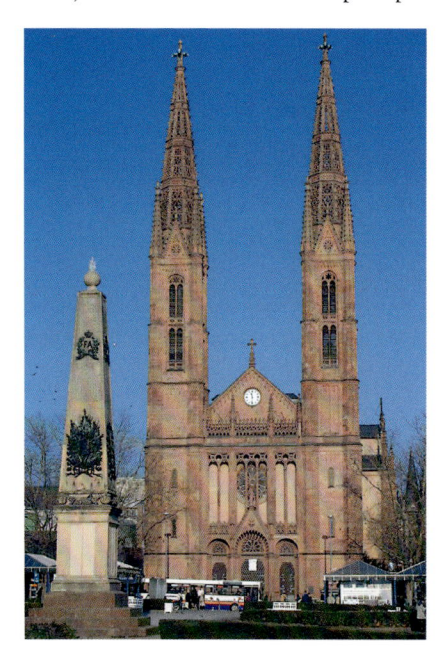

Abb. 4: Die 1844 im Rundbogenstil neu errichteten Pfarrkirche St. Bonifatius in Wiesbaden mit gotischem Höhenstreben

Abb. 5: Das Hauptschiff von St. Bonifatius mit rundbogiger Wölbung

Unter den weiteren Vergleichsbeispielen seien nur zwei genannt: In Vilnius, der Hauptstadt von Litauen, setzte der Architekt Laurynas Stuoka-Gucevičius 1783–1801 vor die ältere Kathedrale eine griechische Tempelfront als neue Fassade. In derselben Form entwarf er auch das 1799 erbaute Alte Rathaus. Am Johnson Square in Savannah (Georgia, USA) steht die 1838 erbaute Episcopal Christ Church mit ihrer Tempelfront direkt neben einer Bank mit einer ähnlichen Fassade. Groß ist auch die Zahl der Herrenhäuser mit einem Säulenportikus auf den Baumwollplantagen in den Südstaaten der USA.

Neben dem griechischen Tempel findet man im Klassizismus auch die Form des würfelförmigen Zentralbaus mit nach allen vier Seiten gleichen Fassaden nach dem Vorbild der Villa Rotonda in Vicenza (ca. 1567) des italienischen Architekten Andrea Palladio (1508 bis 1580). Da die Engländer keine Beziehung zum südeuropäischen Barock hatten, wählten sie vom frühen 17. bis zum 19. Jahrhundert die Werke Palladios im sogenannten Palladianismus als Vorbild. Unter diesem englischen Einfluss stand auch das Werk des nassauischen Landbaumeisters Friedrich Ludwig Schrumpf, als dieser 1823–26 das Jagdschloss Platte (Abb. 2, historische Aufnahme) erbaute, das leider im Zweiten Weltkrieg zerstört und nur als überdachte Ruine erhalten wurde. Derselbe Architekt schuf ab 1829 die erste katholische Pfarrkirche St. Bonifatius am Luisenplatz in Wiesbaden (Abb. 3), die allerdings kurz vor ihrer Weihe 1831 wegen mangelhafter Fundamentierung einstürzte. Damit sie als Kirche zu erkennen war, hatte Schrumpf dem würfelförmigen Baukörper an den Ecken zwei Türmchen aufgesetzt, eine ähnlich unglückliche Lösung wie die in Edinburgh.

Der Auftrag für den Neubau der Bonifatiuskirche ging dann 1844 an Philipp Hoffmann. Er war der Meinung, mit Rücksicht auf das klassizistische Stadtbild nicht den gotischen, sondern den romanischen Stil gewählt zu haben. Dabei hatte er 1836–41 bei den Westjochen und Türmen in Geisenheim sowie 1844 bei der Kapelle von Burg Rheinstein eindeutig spätgotische Formen genutzt. Doch die Kenntnisse über die historischen Stile waren damals noch unausgeprägt. Deshalb glaubte Philipp Hoffmann, romanisch zu bauen, wenn er den Spitzbogen vermied. So findet sich weder am Außenbau (Abb. 4) noch im Inneren

Abb. 6: Die Marktkirche von Wiesbaden lenkt mit ihrer Betonung der Vertikalen den Blick empor zu Gott.

Wie sich der Historismus entwickelte

Abb. 7: Fenster am Ministerialgebäude in Wiesbaden im Stil der italienischen Frührenaissance

Abb. 8 (rechts): Der Palazzo Medici Riccardi in Florenz, der erste Profanbau der Frührenaissance

Abb. 9: Das von Leo von Klenze 1828 entworfene Kriegsministerium in München

(Abb. 5) ein Spitzbogen. Wie bei den meisten Architekten des Romantischen Historismus (etwa 1835–66) handelt es sich hier um den Rundbogenstil, wie man diese Phase des Historismus auch nennt.

Bewusst gotisch ging erst Karl Boos (1806–73) vor, als er 1852–62 die reiche, fünfteilige Turmgruppe der Marktkirche von Wiesbaden (Abb. 6) baute. Dafür wurde er vom badischen Landbaumeister Heinrich Hübsch (1795–1863), der noch ganz vom Klassizismus geprägt war, gerügt. Dieser kritisierte den zu hohen Turm und forderte einen frühchristlichen Stil. Boos dagegen verteidigte die Gotik mit den Worten, „dass sie die Schwere des Materials überwinden, den Beschauer mit in die Höhe ziehen oder sein bescheidenes Dasein in Demut fühlen lasse". Allgemein war man der Ansicht, die Gotik lenke den Blick nach oben zu Gott und sei schon deshalb ein christlicher Baustil.

Im Profanbau wandte man sich nach den gewollt schlichten Formen des antikisierenden Klassizismus wie beim Erbprinzenpalais in Wiesbaden den reicheren der italienischen Frührenaissance zu.

Das geschah in Wiesbaden durch Karl Boos mit seinem Ministerialgebäude von 1838–42 (Abb. 7). Vergleicht man es mit dem 1813–17 von Christian Zais errichteten Erbprinzenpalais, so fällt der Wandel von den Rechteckfenstern zu denen mit Rundbögen auf Säulen auf, wie sie etwa beim Palazzo Medici Riccardi in Florenz (Abb. 8) zu finden sind. Der Bau entstand 1444 und wird dem Florentiner Michelozzo di Bartolommeo zugeschrieben. Die in Florenz sichtbare Wandgliederung durch behauene Steine wird in Wiesbaden durch Fugenlinien im Putz übernommen. Das Kranzgesims im Stil italienischer Palazzi ist viel stärker als beim Erbprinzenpalais, die Ecken sind nicht mehr so scharfkantig und damit hart, sondern durch Pilaster im Obergeschoss und die Ausbildung von Eckrisaliten abgemildert.

Die Askese der kompromisslos vereinfachten Bauten des Hochklassizismus (etwa 1789–1835) ertrugen die Menschen allerdings nur eine Generation lang. Dann siegte der Wunsch nach plastischer Belebung der Fassaden. Die italienische Frührenaissance gelangte jedoch nicht direkt von Florenz nach Wiesbaden, sondern über den Umweg von München, wo sie erstmals bei den Bauten der Ludwigstraße – zum Beispiel beim 1828 von Leo von Klenze entworfenen Kriegsministerium (Abb. 9) – auftritt. Zuvor hatte derselbe Architekt den Königsbau der Residenz als Kombination der Florentiner Palazzi Pitti und Rucellai begonnen.

Die Abkehr von der betonten Schlichtheit des Klassizismus zu einer stärkeren Verwendung belebender Einzelformen im Romantischen Historismus vollzog sich auch in den Innenräumen. Im Weißensteinflügel von Schloss Wilhelmshöhe in Kassel (Abb. 10), erbaut 1786–89 durch Simon Louis du Ry, beleben nur die Gemälde die schmucklosen, durch eine flache Kassettierung gegliederten Wände. Dagegen sind 1839 im Musiksaal des Stadtschlosses von Wiesbaden (Abb. 11) die Decke durch eine Kassettierung und die Wände durch Pilaster und Lünetten gegliedert sowie überreich von Ludwig und Friedrich Wilhelm Pose bemalt worden. Von Ludwig Pose wissen wir, dass er die Ausgrabungen in Pompeji besucht hat, wodurch sich die Ornamentik erklärt, die alle erhaltenen Innenräume beherrscht.

Der Deutsche Krieg von 1866 markiert den entscheidenden Einschnitt für den Romantischen Historismus, ihm folgt der Gründerzeitliche Historismus, aber davon mehr im nächsten Artikel.

Abb. 10: Asketisch ornamentierte Wände im Weißensteinflügel von Schloss Wilhelmshöhe in Kassel

Abb. 11: Der Musiksaal des Stadtschlosses von Wiesbaden mit seinen Ölwandmalereien auf Stuck und römischen Motiven auf Rundbögen und Kassettendecke

Neue Bauaufgaben im Gründerzeitlichen Historismus

Funktion und Ästhetik

*Abb. 1:
Mit ihren zweigeschossig angeordneten Rundbogenarkaden orientierte sich die erste durch Gottfried Semper erbaute Oper in Dresden am Kolosseum in Rom.*

*Abb. 2:
Die nach Plänen von Gottfried Semper erbaute zweite Oper mit barockhaft vorspringendem Mittelrisalit*

Eine vielbeachtete Ausstellung des Deutschen Historischen Museums Berlin 2008 hatte – vor allem durch den umfangreichen, hervorragenden Katalog – den Begriff Gründerzeit auf die Zeit zwischen bürgerlicher Revolution 1848 und Reichsgründung 1871 bezogen. Zwar fällt die dritte Phase der Entwicklung des Historismus nach dem Klassizismus 1789–1835 und dem Romantischen Historismus 1835–66 zeitlich ungefähr mit diesen politischen Daten zusammen, doch entscheidender als die Revolution 1848 war für den Übergang des Romantischen zum Gründerzeitlichen Historismus der Deutsche Krieg 1866 mit dem Aufstieg Preußens zur zentralen Macht in Deutschland, wodurch die Zersplitterung in viele Teilstaaten eingeschränkt wird.

Auch die Freiheit des Architektenberufs wird dadurch begünstigt. Nicht mehr allein im Dienst des einzelnen Territorialherrn tätige Hof- oder Landbaumeister bestimmen nun das bauliche Geschehen, sondern daneben treten mehr und mehr selbständige Architekten mit eigenen Büros. Die Berufsgruppe der Architekten beginnt sich von denen der Ingenieure zu trennen, und eine Spezialisierung auf bestimmte Bauaufgaben zeichnet sich ab. Das von seinem vergeblichen Versuch zur politischen Emanzipation enttäuschte Bürgertum sucht seine Erfolge auf wirtschaftlichem Gebiet und gewinnt damit mehr und mehr gesellschaftlichen Einfluss.

Der stark wachsende Wohlstand durch die sich stürmisch entwickelnde Technik und die industrielle Produktion von Massengütern musste sich zwangsläufig auch auf die Baukunst auswirken. Die Folgen der Kriege und der anschließenden Zeit einer langsamen wirtschaftlichen und politischen Konsolidierung wurden überwunden. Alles in der Baukunst wird nun größer, monumentaler und aufwendiger. Dieser Stilwandel ist mit der Reichsgründung 1871 noch nicht abgeschlossen, so dass ich die Grenze zum Späthistorismus in das Dreikaiserjahr 1888 setzen möchte. Denn mit dem Regierungsantritt von Kaiser Wilhelm II. ist eine nochmalige Steigerung an Monumentalität und Prachtliebe zu verzeichnen, während unter Wilhelm I. noch die preußischen Tugenden der Sparsamkeit und Zurückhaltung dominieren, was sich im Neuklassizismus der Schinkelschüler Friedrich August Stüler, Ludwig Persius und Johann Heinrich Strack äußert.

Nach der antiken Baukunst im Klassizismus und der Gotik wie auch der italienischen Frührenaissance im Romantischen Historismus werden nun die deutsche Renaissance und die italienische Hochrenaissance als Vorbilder herangezogen. Vorreiter für diese Entwicklung ist Gottfried Semper (1803–79), nach Karl Friedrich Schinkel der Bedeutendste unter den deutschen Architekten des 19. Jahrhunderts. Bereits mit dem ab 1847 errichteten Galeriegebäude, das den Dresdner Zwinger in geradezu brutaler Weise zur Elbe hin abschließt, zeigt er die neue Monumentalität. Seine erste Dresdner Oper von 1834–41 (Abb. 1) orientiert sich am Kolosseum in Rom, was in der zweigeschossigen Anordnung der Rundbogenarkaden zwischen Wandsäulen deutlich wird. Er ist, wenn man so will, ein Wegbereiter des Funktionalismus, der erst 1896 von Louis Sullivan mit dem Slogan „form follows function" definiert wird. Sempers Forderung im Buch „Der Stil in den technischen und tektonischen Künsten", dass die Kunst nur einen Herrn kenne, nämlich das Bedürfnis, zielt in dieselbe Richtung. Ein Theater muss für ihn einem römischen gleichen, ein gotisches wäre unkenntlich. Die von ihm formulierte Regel, dass eine bestimmte Bauaufgabe einen bestimmten Stil erfordere, war danach weitverbreitet. Zum Beispiel gibt es

Abb. 3:
Die alte Nationalgalerie in Berlin verbindet die stille Fassade mit dem Pathos des Späthistorismus.

Wie sich der Historismus entwickelte

Abb. 4:
Das sich stark an der mittelalterlichen Gotik orientierende Wiener Rathaus lässt durchscheinen, dass sein Baumeister einst als Steinmetz am Kölner Dom tätig war.

Abb. 5 (u. links): Das Neue Rathaus in München wurde von Georg von Hauberrisser im neugotischen Stil erbaut.

Abb. 6:
Das Rathaus in Wiesbaden mit seinen markanten Ecktürmen

viele Postgebäude im neugotischen Stil, Bahnhöfe sind eher neuromanisch, Banken in Formen der italienische Hochrenaissance errichtet.

Nach dem verheerenden Brand von 1869 wurde die Dresdner Oper 1871–78 nach Plänen von Gottfried Semper unter der Bauleitung seines Sohnes Manfred wiederaufgebaut (Abb. 2, s. S. 46). Der Vergleich zwischen beiden Schöpfungen desselben Architekten charakterisiert den Geist des Gründerzeitlichen Historismus in der gesteigerten Monumentalität und im fast barocken Pathos durch den stark vortretenden, sehr plastischen Mittelrisalit. Ihn zeigt Gottfried Semper auch 1869 bei seinem Entwurf für die Exedra der Neuen Hofburg in Wien, die von seinem Schüler Carl von Hasenauer (1833–94) ausgeführt wird. Dadurch gelangt der Gründerzeitliche Historismus nach Wien, dort von der Kunsthistorikerin Renate Wagner-Rieger mit etwa der gleichen Zeiteinteilung „Strenger Historismus" genannt, weil in dieser Phase die historischen Stile noch in reiner Form ohne die späteren Stilmischungen vorkommen.

In Berlin kann man sich vom Klassizismus schwer lösen, doch ist der Unterschied zwischen dem Alten Museum von Karl Friedrich Schinkel 1825–30 und der Nationalgalerie seines Schülers Friedrich August Stüler (Abb. 3, s. S. 47) von 1862–76 ähnlich groß wie bei Sempers beiden Opernhäusern. Der dem Hochklassizismus entsprechenden eher stillen Fassade mit der gleichmäßigen Reihung ionischer Säulen steht das Pathos eines auf ein hohes Podest erhobenen griechischen Tempels gegenüber, dem Gründerzeitlichen Historismus entsprechend deutlich reicher mit figürlichem Schmuck ausgestattet.

Neben der aus Dresden übernommenen italienischen Hochrenaissance hat Wien der Neugotik besonders gehuldigt. Sie präsentiert sich hier nicht mehr mit klassizistischen Elementen, wie sie noch bei der 1852–62 errichteten Marktkirche von Wiesbaden zu finden sind, sondern in so reiner Gestalt, dass die Unterscheidung zur mittelalterlichen Gotik zunehmend schwerer fällt.

Der Begründer der gotischen Schule in Wien ist Friedrich von Schmidt (1825–91), der seine genauen Kenntnisse der gotischen Baukunst seiner Tätigkeit als Steinmetz am Kölner Dom verdankt, bevor er als Baumeister 1872–83 sein Hauptwerk, das Rathaus in Wien (Abb. 4), in den stilreinen Formen der mittelalterlichen flämischen Spätgotik erbaut, worauf der etwa 100 Meter hohe, Belfried genannte Turm als Besonderheit der flandrischen Rathäuser verweist.

Sein Schüler Georg von Hauberrisser (1841–1922) bringt die Neugotik aus Wien nach München, als er 1867–74 den östlichen Teil des Münchner Rathauses (Abb. 5) errichtet, beim westlichen Teil von 1889–93 verwendet auch er das flämische Motiv des Belfrieds. Er hatte sich auf Rathäuser spezialisiert und entwarf auch die in Kaufbeuren und Saarbrücken-St. Johann sowie 1883–87 das in Wiesbaden (Abb. 6). Dieses Mal aber geht er auf die Stilformen der deutschen Renaissance zurück, wohl weil man immer noch der Meinung war, dass gotische Bauwerke nicht zum klassizistisch geprägten Stadtbild passen. Durch Lukarnen, Ecktürmchen und ein in der Hauptfassade mächtiges Zwerchhaus erreicht er aber ebenfalls eine malerische Wirkung. Dazu trägt auch die Abkehr von den bis zur Gründerzeit geltenden Gesetzen der Symmetrie bei, wie man

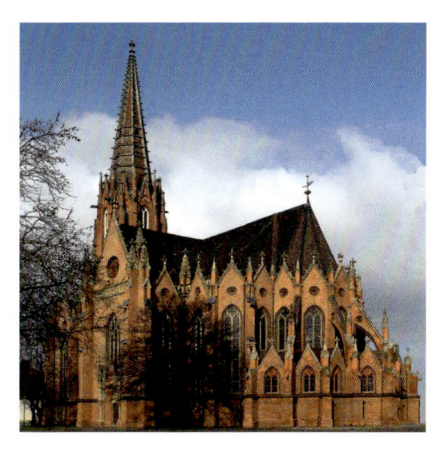

Abb. 7:
Die Südseite der neugotischen Christuskirche in Hannover

bei der Südfassade an den unterschiedlichen Turmformen sehen kann.

Zu einem wichtigen Zentrum der Neugotik wurde Hannover durch das Wirken von Conrad Wilhelm Hase, der unzählige Kirchen, Bahnhöfe und Wohnhäuser im Stil der Backsteingotik schuf. Sein Hauptwerk ist die 1859–64 erbaute Christuskirche am Klagesmarkt in Hannover (Abb. 7), bei der er die für Pfarrkirchen übliche Form einer Hallenkirche mit einem Umgangschor mit Kapellenkranz verbunden hat, wie er eigentlich nur bei Kathedralen sowie Stifts- und Klosterkirchen vorkommt. Hase war auch ein bedeutender Denkmalpfleger. Bei der Restaurierung der gotischen Backsteinkirche St. Nicolai in Lüneburg lernte er einen Ableger jener Kathedralgotik an der Ostseeküste kennen, die unter nordfranzösischem Einfluss in den Hansestädten an der Ostseeküste verbreitet war.

Zu den bedeutenden Neugotikern zählt auch Georg Gottlob Ungewitter (1820–64), der zusammen mit Karl Mohrmann ein Handbuch der gotischen Baukunst nach dem Vorbild von Eugène Viollet-le-Ducs „Encyclopédie médiévale" herausgegeben hat. Er war also ein vorzüglicher Kenner der französischen

Wie sich der Historismus entwickelte

Abb. 8:
Der Innenraum der Pfarrkirche in Amöneburg lässt sich auf den ersten Blick kaum von einer mittelalterlichen Basilika unterscheiden

Abb. 9:
Gustav-Freytag-Straße 18 in Wiesbaden: Der doppelgeschossige Mittelrisalit bricht die Schlichtheit des klassizistischen Kubus

Abb. 10:
Die Landskron-Brauerei Görlitz

Gotik, was man beim Betrachten der 1866–71 nach seinen Plänen errichteten katholischen Pfarrkirche in Amöneburg (Abb. 8) sofort erkennt. Sie entspricht vor allem im Inneren so stark den gotischen Vorbildern, dass man es einem Studienanfänger der Kunstgeschichte verzeihen kann, wenn er sie für mittelalterlich hält.

Die Betrachtung über den Gründerzeitlichen Historismus wäre unvollständig, wenn man den Neuklassizismus zwischen etwa 1870 und 1880 unerwähnt ließe. Er findet sich häufig bei leider weitgehend kriegszerstörten Berliner Villen und strahlte von dort auch nach Wiesbaden aus. Dafür ist die Villa Gustav-Freytag-Straße 18 in Wiesbaden (Abb. 9) ein gutes Beispiel. Im ursprünglichen Klassizismus waren die würfelförmigen Kuben nahezu unverziert. Im Geist der Gründerzeit wird die Fassade jetzt von einem doppelgeschossigen Mittelrisalit mit Rundbögen auf Wandsäulen plastisch belebt.

Die industrielle Entwicklung und die dadurch entstehenden neuen Ansprüche an Lebensqualität brachten neue Bauaufgaben hervor, Bahnhöfe, Gaswerke, Krankenhäuser, Fabrikgebäude, Brauereien und anderes wurden errichtet. Dafür mussten neue Architekturformen gefunden werden, wodurch ein großer Reichtum an Denkmalen dieser Zeit auf uns überkommen ist. Man bemühte sich, alle noch so profanen Gebäude nicht nur nach der jeweiligen Funktion, sondern auch nach ästhetischen Gesichtspunkten auszuschmücken. Dafür ist die Landskron-Brauerei in Görlitz (Abb. 10) von 1869 ein überzeugendes Beispiel.

Wilhelminische Pracht im Späthistorismus

Für jede Stimmung ein Stil

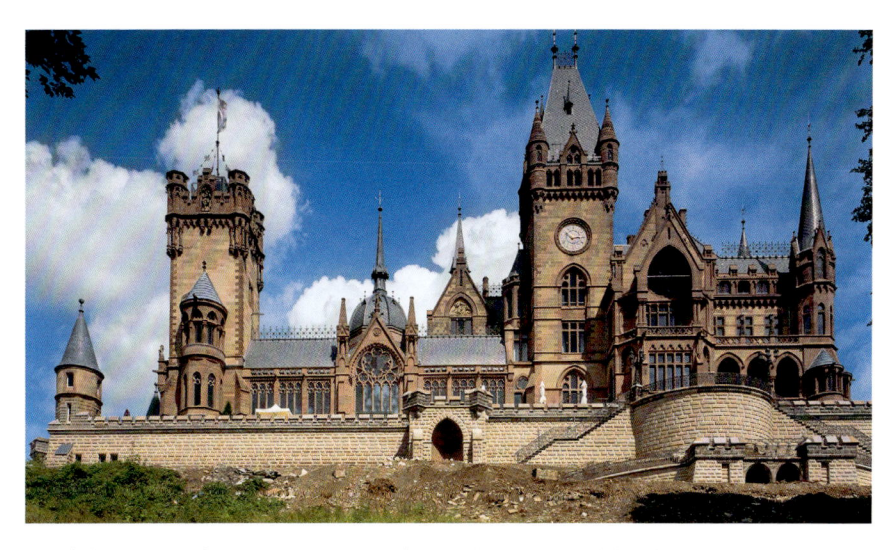

Abb. 1:
Schloss Drachenburg in Königswinter, repräsentativer Prachtbau in Stilpluralismus

Nachdem im Klassizismus (1780 bis ca. 1835) die griechische und römische Antike, im Romantischen Historismus (1835–66) die italienische Frührenaissance und die Gotik, in der Gründerzeit (1871–88) die italienische Hochrenaissance den Baumeistern des Historismus als Vorbild dienten, wendet sich der Späthistorismus (1888–1914) wieder der barocken Baukunst zu, die rund 100 Jahre lang verachtet worden war. Doch man wollte nicht die Kunstgeschichte mit ihrer historischen Reihenfolge der Stile abarbeiten, sondern drängte von den schmucklosen Kuben des Klassizismus zu einer von Generation zu Generation immer reicher und plastischer werdenden Gestaltung der Baukörper.

Im Späthistorismus verwendete man alle historischen Stile gleichzeitig, oft sogar vermischt an einem Bau. Man spricht dann von Stilpluralismus. Dieser erleichtert es, der jeweiligen Funktion des Bauwerks beziehungsweise eines Raums den dazu passenden Stil zuzuordnen, ganz im Sinne von Gottfried Sempers Forderung, die er in seinem Buch „Der Stil in den technischen und tektonischen Künsten oder praktische Ästhetik" erhob.

Als der Bankier Stephan Baron von Sarter sich 1882–84 oberhalb von Königswinter am Rhein die Villa Schloss Drachenburg (Abb. 1) erbauen ließ, wählte er den Stil der rheinischen Spätromanik im Übergang zur Frühgotik. Dieser prägt zahlreiche mittelalterliche Kirchen und Burgen zwischen Koblenz und Bonn und eignet sich in seinen üppigen, wuchtigen Formen für eine Höhenburg, die weniger trutzige Abwehr von Feinden als vielmehr den Reichtum des Bauherren widerspiegeln sollte. Mit

51

Wie sich der Historismus entwickelte

Abb. 2: Mosaik in der Kaiser-Wilhelm-Gedächtnis-Kirche in Berlin

Abb. 3: Pariser Oper mit neobarocker Fassade

den nur niedrigen Umfassungsmauern würde der Bau keiner Belagerung standhalten, vielmehr würden die Geschosse der Belagerer durch die vielen großen Fensteröffnungen ins Innere eindringen und verheerende Schäden anrichten. Das Verteidigungsmotiv des Bergfrieds wird durch seine Verdopplung zur reinen Formel und dient ausschließlich der Prachtentfaltung.

Letztere kennzeichnet den Späthistorismus und ist charakteristisch für das ausklingende 19. Jahrhundert, besonders verkörpert in der Gestalt Kaiser Wilhelms II. Seine Taufe war einst auf einem Gemälde im Treppenhaus der Drachenburg dargestellt – zusammen mit anderen Bildern aus der deutschen Geschichte, die in erster Linie die Geschichte des zum deutschen Kaisertum aufgestiegenen preußischen Königshauses war. Derartige Darstellungen findet man auch auf den prachtvollen Mosaiken im Turmraum der Berliner Kaiser-Wilhelm-Gedächtnis-Kirche (Abb. 2). Die Kirche selbst ist leider im Zweiten Weltkrieg bis auf die Turmruine zerstört worden. Franz Heinrich Schwechten hatte sie 1891–95 ebenfalls in den Formen der rheinischen Spätromanik errichtet. Für eine evangelische Predigtkirche konnte er schlecht den Stil des

Neubarock wählen, wie er für profane Prachtbauten im Späthistorismus besonders beliebt war.

Ausgerechnet zur Regierungszeit von Kaiser Napoleon III. (1852–70) wurde der Barock wiederentdeckt, den doch die Französische Revolution und mit ihr Napoleon Bonaparte als Stil des Absolutismus brutal beendet hatte. Bereits 1860–75 schuf Charles Garnier die Pariser Oper mit ihrer monumentalen Fassade in den überreichen Formen des Neubarock (Abb. 3).

In Wiesbaden drängte Kaiser Wilhelm II. die Stadt, das Hoftheater – das heutige Staatstheater – neu, größer und prachtvoller zu bauen, was 1892–94 nach Plänen der Wiener Theater-Architekten Ferdinand Fellner und Hermann Helmer erfolgte. Dadurch gelangte der Neubarock in die bis dahin immer noch von der Einfachheit des Klassizismus geprägte Kurstadt. Felix Genzmer fügte 1902 das bis dahin fehlende Foyer in den glanzvoll rauschenden Formen des Spätbarock hinzu (Abb. 4). Festlicher kann man als Theaterbesucher nicht auf die Welt der großen Oper eingestimmt werden.

Der Neubarock erreichte mit dem 1890–97 von Friedrich von Thiersch errichteten Justizpalast auch München (Abb. 5). Die gewaltige Vierflügelanlage um den leider im Zweiten Weltkrieg schwer zerstörten Innenhof ist geschickt durch Risalite mit Kolossalsäulen gegliedert und wird in der Dachzone mit Balustraden, Obelisken und Statuen malerisch belebt. Vom Bahnhof kommend, könnte man glauben, das Residenzschloss der bayerischen Könige und nicht ein Gerichtsgebäude vor sich zu haben. Kein anderer Stil hat Profanbauten eine derartige Pracht verliehen wie der Späthistorismus.

Bei seinem Auftrag, auf Wunsch Kaiser Wilhelms II. das Kurhaus in Wiesbaden neu zu bauen, musste Friedrich von Thiersch für die Fassade den Neuklassizismus wählen, um so den Bürgern den beklagten Verlust des alten klassizistischen Kurhauses von Christian Zais zu erleichtern. Die Innenräume des 1904–07 errichteten Baus aber sind das anschaulichste Beispiel für den Stilpluralismus in der Endphase des Historismus. So ist die weitläufige und monumentale Eingangshalle (Abb. 6) ein Abbild der antiken Caracalla-Thermen von Rom, erkennbar an der Folge von tonnengewölbten Eingangsbereichen mit dem zentralen Kuppelraum. Die Beschränkung der kostbaren Natursteinverkleidung auf die Erdgeschosszone bis zum Ansatz der

Abb. 4:
Das Foyer des Staatstheaters in Wiesbaden erstrahlt im neubarocken Glanz.

Abb. 5:
Der Späthistorismus verwandelt auch Profanbauten wie den Münchner Justizpalast in schlossartige Architektur.

Abb. 6: Die Eingangshalle des Kurhaus Wiesbaden nach dem Vorbild der Caravalla-Thermen

Kuppel folgt dem antiken Vorbild, was dort mit der Wandheizung bis zu dieser Höhe begründet war.

Für den großen Konzert- und Ballsaal kam nur der Neubarock in Frage, denn er ist am besten geeignet, festliche Stimmung zu erzeugen. Die kolorierten Originalentwürfe (Abb. 7) spiegeln die phantastische Zeichenkunst Friedrich von Thierschs wider, zugleich seine umfassenden Kenntnisse der abendländischen Baukunst. Für den Lesesaal (Abb. 8) folgte von Thiersch dem Vorbild der „sala terrena" genannten Gartensäle barocker Schlösser, die mit ihren steinernen Fußböden, Wänden und Gewölben an heißen Tagen erfrischende Kühle boten. Die Säulen und das Gebälk sind ganz mit Kieselsteinen und echten Muscheln verkleidet. Der Weinsaal im Kurhaus war im Stil der deutschen Renaissance gehalten und wandhoch mit edlem Kirschholz verkleidet. Ferner gibt es das Bacchuszimmer im altdeutsch-gotischen Stil, einst auch eine Münchner Bierstube. Ihre Wände sind bis an die Decke mit glasierten Fliesen verkleidet, worin sich die Erfahrungen des Münchner Oktoberfestes und des Hofbräuhauses mit dem übermäßigen Bierkonsum niederschlugen.

So bot Thiersch den Kurgästen für jede Stimmung den entsprechenden Stil, nutzte aber auch alle technischen Errungenschaften seiner Zeit zu ihrem Wohl. Es gab ein ausgeklügeltes System der Frischluftzufuhr, die Trennung von

Abb. 7: Der Friedrich-von-Thiersch-Saal im Wiesbadener Kurhaus – üppiger Neubarock

Brauchwasser und Trinkwasser, elektrische Aufzüge, Kühlaggregate für Speisen und Getränke sowie eine fest eingebaute Staubsaugeranlage für Teppiche und Vorhänge.

Höhepunkt des wilhelminischen Späthistorismus ist der Berliner Dom (Abb. 9). Das Werk von Julius Carl Raschdorff von 1894–1905 verbindet in der Bautypologie den Zentralbau der Schlosskapelle mit dem einer protestantischen Predigtkirche. Im Untergeschoss dient sie als Mausoleum des preußischen Königshauses. Mit der Kombination einer quer gerichteten, von Türmen flankierten Fassade mit einem kuppelbekrönten Zentralbau erinnert er entfernt an den Petersdom in Rom. Die fünf Kuppeln wurden nach der Kriegszerstörung vereinfacht wieder aufgebaut. Die zentrale Kuppel (Abb. 10) beherrscht auch den gesamten Innenraum und fügt sich würdig mit ihrem reichen architektonischen und bildhauerischen Schmuck sowie den beachtlichen Ausmaßen in die Reihe berühmter Kuppeln wie die des antiken Pantheon und des Petersdoms in Rom, des Doms in Florenz sowie der Frauenkirche in Dresden ein. Der Berliner Dom wirkt wie der zu Stein gewordene Ausspruch Kaiser Wilhelms II. in der Neujahrsnacht 1899/1900: „Ich führe euch herrlichen Zeiten entgegen!" Mit zwei Weltkriegen und den Verbrechen des Dritten Reiches wurden diese allerdings alles andere als herrlich.

Abb. 8:
Der Lesesaal des Kurhauses mit angemehmer Kühle und einem Hauch von Jugendstil

Abb. 9:
Der Berliner Dom atmet wie kein zweites Gebäude den Geist der wilhelminischen Ära.

Abb. 10:
Die zentrale Kuppel im Berliner Dom

Mit elegantem Schwung in die Moderne

Sezession, Art nouveau und Jugendstil

*Abb. 1:
Kunstvoll geschmiedetes Jugendstildekor am Gitter der Pariser Metro*

*Abb. 2:
Die Fassaden der von Michail Eisenstein errichteten Bauten an der Alberta iela in Riga spiegeln Ornamentik und Figuren aus der europäischen und außereuropäischen Kunstgeschichte wider.*

Im Unterschied zu den großen Stilepochen Romanik, Gotik, Renaissance und Barock ist der Jugendstil nur eine kurze Stilphase zwischen dem Historismus und dem Internationalen Stil des 20. Jahrhunderts. Während die „großen" Stile mindestens ein Jahrhundert andauerten, begann der Jugendstil in den wichtigsten europäischen Städten ziemlich gleichzeitig um das Jahr 1895 und endete bereits um 1914 mit dem Neoklassizismus. Er stellt einerseits den Ausklang des Historismus dar, ohne dessen Hinwendung zum Neubarock er in der weichen, floralen Gestalt des Art nouveau – wie in Frankreich, Belgien, in Riga, Moskau und zum Teil auch in Deutschland – nicht möglich gewesen wäre. Andererseits werden von der in Wien Sezession genannten Richtung die strengen Architekturformen der Neuen Sachlichkeit in den zwanziger und frühen dreißiger Jahren vorweggenommen.

Die beiden Strömungen heißen in Deutschland – und nur hier – Jugendstil, benannt nach der ab 1897 von der Münchner Sezession herausgegebenen Zeitschrift „Jugend". Ihre vom Maler Fritz Erler mit floralen Mustern gestalteten Deckblätter gaben der neuen Kunst den Namen. Dahinter stand die aufmüpfige, republikanisch gesonnene Jugend. Als Kaiser Wilhelm II. das 1907 vollendete Kurhaus in Wiesbaden besichtigte und im Muschelsaal die Gemälde von Fritz Erler sah, verließ er wütend den Raum, mit der Begründung, er könne der Kaiserin die nackten Gestalten nicht zumuten. Dabei sind sie auch nach damaligen Maßstäben als züchtig einzuschätzen. In Wirklichkeit hatte man ihm hinterbracht, welche kulturpolitische Richtung hinter Fritz Erler stand. Da Wilhelm II. sich nochmals bei der Einweihung des Kaiser-Friedrich-Bades abfällig über die dortigen Jugendstilmalereien von Ernst Wolff-Malm geäußert hatte, vermied man im offiziellen Wiesbaden den Jugendstil. Nur versteckt entdeckt man im Rheingauviertel typische Ornamente des floralen Jugendstils, so wie er in München im Werk von August Endell (1871–1925) bei seinem Atelier Elvira von 1896/97 oder in Berlin beim Bunten Theater von 1901 auftritt.

Diese florale, sich überwiegend im Dekorativen äußernde Richtung gleicht dem Art nouveau in Paris, besonders im Werk von Hector Germain Guimard (1867–1942), der unter anderem das schmiedeeiserne Dekor für die Metro von 1900 (Abb. 1) schuf. Sie gleicht auch dem Art nouveau eines Victor Horta (1861–1947) in dessen eigenem Brüsseler Atelier von 1898–1902. Der Art nouveau beschränkte sich auf die großen Städte in Europa. Wir finden ihn zum Beispiel in Moskau bei der Villa Rjabuschinski, heute Gorki-Museum, – erbaut 1900–02 von Fjodor Ossipowitsch Schechtel – oder in Riga bei den 1903–06 errichteten Bauten (Abb. 2) von Michail Eisenstein (1867–1921) an der Alberta iela.

Das Lebenswerk von Antoni Gaudí i Cornet (1852–1926) in Barcelona lässt sich kaum in die beiden Hauptrichtungen der Baukunst zwischen Historismus und Internationalem Stil einordnen. Er begann 1883 den Bau seiner Kathedrale Sagrada Familia im Stil der Gotik, den er vollenden wollte, weil er der Meinung war, dass er an ihrem Höhepunkt allzu früh von der Renaissance abgebrochen worden sei. Der höchst eigenständige Stil von Gaudís Profanbauten wird von amorphen Formen mit einer reichen Flächenornamentik geprägt, besonders stark vertreten im Parc Güell (Abb. 3) von 1900–14. Die teilweise aus plastischen Motiven der Pflanzenwelt, teilweise aus Flächen mit glasierten Fliesen entstandenen Formen entstammen seiner schier unerschöpflichen Phantasie. In diesem im nationalistisch geprägten Katalonien modernisme català genannten Stil entstanden auch andere Werke wie der Palau de la Música Catalana von 1905–08 des Architekten Lluís Domènech i Montaner (1850–1923).

Abb. 3:
Phantasiekonstrukt des Antoni Gaudi i Cornet im Parc Güell, Spanien

Abb. 4: Plastische Attikaverzierung der Wiener Postsparkasse

Abb. 5: Innenraum der Kirche am Steinhof

Abb. 6: Vergoldete Kugel auf dem Gebäude der Wiener Secession

Die Baukunst in England lässt sich weder in den Art nouveau noch in die progressive Baukunst der in Wien herrschenden Sezession einordnen, sondern entwickelt aus der Arts and Crafts-Bewegung eigenständige Lösungen, wie sie in der Glasgower Schule bei der 1896 bis 1909 erbauten School of Art von Charles Rennie Mackintosh (1868–1928) zum Ausdruck kommt.

In den USA gehört das dekorative Werk ihres berühmtesten Architekten Louis Henri Sullivan (1856–1924) dem Art nouveau an, andererseits sind seine aus Stahl konstruierten Hochhausbauten in Chicago wie das Schiller Building von 1891 und das Kaufhaus Carson von 1899–1909 Zeugnisse des Funktionalismus, der das 20. Jahrhundert beherrschen sollte und auf Sullivans Forderung „form follows function" zurückgeht.

Allen diesen unter verschiedenen Bezeichnungen zwischen etwa 1890 und 1910 auftretenden Stilrichtungen ist gemeinsam, dass sie von einer zwischen 1840 bis 1870 geborenen Generation von Architekten ins Leben gerufen wurden mit dem Ziel, sich vom Historismus zu lösen und eine völlig neue Architektursprache zu entwickeln. Dies gelang am stärksten den Mitgliedern der 1897 gegründeten Wiener Sezession, deren herausragendes Mitglied Otto Koloman Wagner (1841–1918) war. Er löste sich mit den bis 1900 geschaffenen Stationen der Stadtbahn und mit der Postsparkasse von 1904–06 (Abb. 4) radikal vom Historismus. Die Fassade ist ganz flächig gehalten, es gibt keine Pilaster, Gesimse oder Fenstergewände mehr. Der breite Mittelteil aus fünf Achsen wird leicht vorgezogen und durch die große Dichte der Bolzen für die Befestigung der Marmorplatten betont. Die Galerie aus Kränzen über der Attika und die beiden Statuen von Genien – geschaffen aus Aluminium von Othmar Schimkowitz – sind der einzige plastische Schmuck. Eine ähnlich starke Reduzierung der Gliederungs- und Schmuckformen findet man bei der 1904–07 von Wagner erbauten Kirche am Steinhof innerhalb der städtischen Heilanstalt (Abb. 5). Der Raum mutet sehr modern an, denn er verzichtet ganz auf Säulen, Mosaike, Malereien oder Stuck. Nur der obere Bereich mit der Kuppel weist ein zartes vergoldetes Liniennetz auf.

Wagners bedeutendster Schüler war Joseph Maria Olbrich (1867–1908), der Mitbegründer der Künstlergruppe „Wiener Sezession" war und das gleichnamige Gebäude 1897/98 als Ausstellungsgebäude am Wiener Karlsplatz (Abb. 6) errichtete. Gegenüber erhebt sich die monumentale Karlskirche, erbaut 1716–37 von Johann Bernhard Fischer von Erlach. Olbrichs Sezession wirkt in ihrer kompakten, aus klaren Kuben zusammengesetzten Gestalt wie ein Kontrapunkt zur vielteiligen, aus Nachbildungen der Trajanssäule, Portikus und hoch aufragender Kuppel zusammengesetzten Barockfassade. Besonders geistvoll ist die aus durchbrochenen vergoldeten Lorbeerzweigen bestehende Kugel, die wie eine Seifenblase zwischen den vier Eckpfeilern des Sezessionsgebäudes zu schweben scheint.

Stationen der Stadtbahn, eine Kirche weit draußen in einer Heilanstalt und ihr eigenes Atelier durften die progressiven Architekten der Wiener Schule bauen, der kaiserliche Hof aber baute unverdrossen bis 1913 weiter an der Neuen Hofburg in den prunkvollen Formen der italienischen Hochrenaissance nach den Plänen von Gottfried Semper.

Olbrich träumte davon, eine ganze Stadt künstlerisch in lichter neuer Gestalt errichten zu können, wozu ihm – wenn auch nur in bescheidenem Maße – Großherzog Ernst-Ludwig von Hessen-Darmstadt verhalf. Denn er berief ihn 1898 zusammen mit anderen progressiven Künstlern nach Darmstadt, um auf der Mathildenhöhe eine Künstlerkolonie zu schaffen. Bereits 1901 konnte eine erste Ausstellung eröffnet werden, deren Zweck es war, dem heimischen Kunsthandwerk neue Impulse für zukunftsträchtige Formen zu verleihen. Das Ernst-Ludwig-Haus (Abb. 7) diente als Ateliergebäude. Sein mit den im Jugendstil so beliebten vergoldeten Flächenmustern verziertes Hauptportal erhält durch die beiden Kolossalstatuen von Ludwig Habich ein ungewöhnliches Pathos. Sie stellen einen Mann und eine Frau als Symbole der Kraft und der Anmut dar und bilden einen Kontrast zu der sonst feinfühlig gestalteten Fas-

Abb. 7: Der mit goldenen Flächenmustern verzierte Eingangsbereich des Ernst-Ludwig-Hauses in Darmstadt ist typisch für den Jugendstil

Wie sich der Historismus entwickelte

Abb. 8: Der fünfbögige Turmhelm des Darmstädter Hochzeitsturm stellte 1908 ein absolutes Novum in der Architektur dar.

Abb. 9: „Schlaf" – Relief von Bernhard Hoetger auf der Mathildenhöhe

Abb. 10: Innenraumgestaltung im Sprudelhof von Bad Nauheim mit zahlreichen Elementen des Jugendstils

sade. Der Hochzeitsturm auf der Mathildenhöhe (Abb. 8) entstand 1908 als Geschenk zur Vermählung des Großherzogs. Olbrich gab ihm einen völlig neuen, nie dagewesenen oberen Abschluss aus fünf gestaffelt angeordneten Bögen anstelle der bis dahin üblichen Kuppeln, Pyramiden- oder Zwiebelhelme. Ein neues, in die zwanziger Jahre weisendes Motiv sind auch die um die Gebäudeecken herumgeführten Fensterbänder, desgleichen die hart gebrannten, dunklen Klinker, die später bei den Bauten aus der Ära von Fritz Schumacher in Hamburg große Verbreitung fanden.

Bernhard Hoetger schuf 1913/14 auf der Mathildenhöhe im Platanenhain eine Reihe von Skulpturen, darunter die Darstellung des Schlafes (Abb. 9) in einer bereits leicht abstrahierenden Gestaltungsweise. Die floralen Muster des Schutzgitters erinnern an die der Metro in Paris (Abb. 1, s. S. 56) und belegen, dass auch Beziehungen zum Art nouveau Frankreichs existieren. Die vom Großherzog gewünschte Belebung des hessischen Kunsthandwerks zeigt sich am besten in den Räumen des Sprudelhofs von Bad Nauheim (Abb. 10). Die Glasgemälde, Sitzgruppen, Fußböden und Wandvertäfelungen sind herausragende Zeugnisse des Jugendstils, der hauptsächlich in der Innenraumgestaltung seinen Schwerpunkt hatte. Seltener und wenig einheitlich findet man ihn in der Architektur, gar nicht aber im Städtebau. Auch deshalb kann man ihn nicht als selbständigen Stil bezeichnen, vielmehr stellt er einen bedeutenden Übergang vom Historismus in die Moderne des 20. Jahrhunderts dar.

Welches Material beim Bau Verwendung findet

Nur selten werden heute Baustoffe in der Form genutzt, in der sie in der Natur vorkommen. Wo findet man heute schon ein neueres Gebäude aus Feldsteinen, schon eher das eine oder andere Holzhaus. Meist werden die Baumaterialien vor der Verwendung bearbeitet und um Bestandteile ergänzt, die ihre Eigenschaften, zum Beispiel die Standfestigkeit oder die Wetterbeständigkeit, verbessern sollen. Das ist im Prinzip nichts Neues. Lehm, in Frühzeiten und in sehr trockenen Regionen zu Ziegeln geformt und luftgetrocknet, wird in Europa seit über 2000 Jahren zu Backsteinen und später zu Klinkern gebrannt und damit beständiger. Die verwendeten Baustoffe spiegeln in Form und Schmuck die technischen Möglichkeiten und die kulturellen Eigenheiten der Erbauer wider. Voraussetzung dafür ist aber auch der Wille, der baulichen Gleichförmigkeit gestalterische Ideen entgegenzusetzen.

Stuckmarmor gab es schon in der Antike

Vom echten Marmor bis zum Marmorieren

Abb. 1: Wanddekoration aus Stuckmarmor im Palais Altenstein in Fulda

„Ist ja kein echter Marmor, nur ein Ersatz." Diese abfällige Bemerkung vernimmt man oft vor Bauwerken mit Stuckmarmor. In Wirklichkeit ist es heute teurer, Stuckmarmor herzustellen, als echten Marmor zu beschaffen. Die einzelnen Arbeitsschritte erfordern einen beachtlichen Zeitaufwand und große handwerkliche Fähigkeiten.

Schon in der Antike stellte man Stuckmarmor her, nachdem die Marmorsorten mit besonders reicher Maserung und Farbigkeit erschöpft waren, und man genoss es, nun selbst die Wirkung dieser edelsten der Baumaterialien bestimmen zu können. Aus Alabastergips, Leim und verschiedenen Farbpigmenten werden Breimassen hergestellt und dann so ineinander gemischt, wie man sich die Wirkung wünscht. Man erinnere sich an den Marmorkuchen, nur gibt es beim Stuckmarmor nicht nur hellen und dunklen Teig, sondern die Breimassen können viele verschiedene Färbungen haben.

Die Wanddekorationen im Palais Altenstein in Fulda (Abb. 1) aus dem Spätrokoko der Zeit um 1770 weisen vier verschiedene Ausprägungen von Stuckmarmor auf, in drei Variationen von Rot im Hauptfeld und den beiden unteren querliegenden Feldern sowie in Grau- und Blautönen im Bereich des Sockels. Die überaus kunstvolle Mischung der farbigen Breimassen wird deutlich. Diese wurden nach dem Ineinandermischen auf die Maueroberfläche aufgetragen, mit dem Spachtel geglättet und dann nach dem Aushärten so lange geschliffen, bis jener Hochglanz entstand, der dem echten Marmor gleicht. Echten Marmor kann man von Stuckmarmor bereits durch Handauflegen unterscheiden, er wird sich immer deutlich kühler anfühlen, und bei großen Bauteilen weist er außerdem Fugen auf.

So erkennt man in der 1710–18 entstandenen Rotunde des Schlosses in Wiesbaden-Biebrich (Abb. 2), dass die Kolossalsäulen nicht aus einem Stück bestehen, sondern die beiden Fugen in der oberen Hälfte weisen auf die Zusammensetzung von drei verschiedenen Trommeln aus echtem Lahnmarmor hin. Dagegen kann das Gebälk in derselben Rotunde (Abb. 3) unmöglich aus ech-

jährig eingesumpftem, holzgebranntem Kalk und Marmormehl aufgetragen. Kurz vor dem Abbinden werden in die noch nasse Oberfläche mit Schwämmen und Pinseln Marmorstrukturen oder Ornamente gemalt. Danach entsteht durch vielfaches Schleifen eine sehr dichte, spiegelglatte Oberfläche. In Villen der römischen Antike, besonders in den 79 n. Chr. durch den Vesuvausbruch untergegangenen Städten, findet man Stuccolustro sehr häufig. Das hier gezeigte Beispiel (Abb. 4) stammt aus der Villa Oplontis, die in der Nähe von Torre Annunziata ausgegraben worden ist. Der Glanz der leuchtenden Farbfläche ist für Stuccolustro ebenso typisch, wie die zart-duftig gemalten Ornamente und Rahmen.

Abb. 2:
Fugen, wie hier an den aus drei Teilen zusammengesetzten Kolossalssäulen im Schloss Wiesbaden-Biebrich erkennbar, sind ein Indiz für echten Marmor.

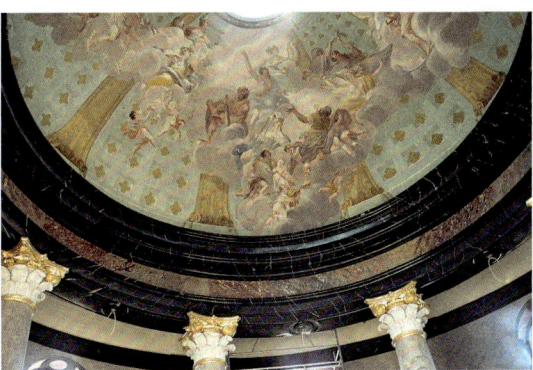

Abb. 3:
Stuckmarmor am Gebälk der Rotunde des Schlosses Wiesbaden-Biebrich

Abb. 4:
Mit glänzendem Stuccolustro verzierte Wand in der Villa Oplontis bei Pompeji

tem Marmor bestehen, denn es findet sich keine einzige Fuge. In dieser ringförmigen Großform hätte man es aber nicht aus Lahnmarmor herstellen können. Es muss also Stuckmarmor sein.

Einen einfacheren, aber immer noch wirkungsvollen Ersatz für Marmor bewirkt die Technik des Stuccolustro. Bei ihr wird eine Spachtelmasse aus lang-

Die einfachste Nachbildung von Marmor ist das Marmorieren, das Bemalen eines bereits abgebundenen Putzes mit den Maserungen von Marmor. Vom Stuccolustro unterscheidet sich das Marmorieren optisch durch die

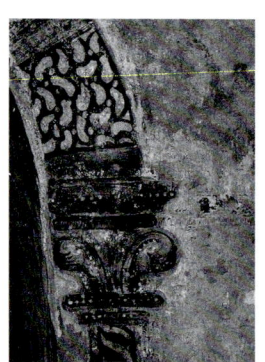

Abb. 5: Marmoriertes Wandfeld, Villa Oplontis

Abb. 6: Bohnenmarmor, Chor der Klosterkirche St. Georg in Regensburg-Prüfening

Abb. 7: Bohnenmarmor, Dorfkirche von Barnstorf

Abb. 8, 9: Marmorierungen an Fassade in Hannoversch Münden und in der ev. Pfarrkirche Oybin

stumpf bleibende Oberfläche, wie ein anderes Wandfeld (Abb. 5) aus der Villa Oplontis erkennen lässt. Die Strukturen der Marmorierung erinnern schon an jenen Bohnenmarmor, wie er unter anderem im Chor der katholischen Klosterkirche St. Georg von Regensburg-Prüfening (Abb. 6) zu sehen ist. Die um 1125–50 entstandenen Malereien wurden 1897 freigelegt, im Presbyterium zwar neu gefasst, jedoch zuverlässig nach dem Befund. Im Original wird der Bohnenmarmor nicht so schematisch gewirkt haben, sondern ähnlich differenziert wie beim freigelegten Original in der Dorfkirche von Barnstorf (Kreis Diepholz, Niedersachsen, Abb. 7) aus der Zeit um 1200.

Marmorierungen auf Holz erscheinen uns zunächst widersinnig, doch kam es gerade im Barock nicht auf die Echtheit des Materials, sondern ausschließlich auf die künstlerische Wirkung an. Im 17. Jahrhundert verließ das Fachwerk seine ureigene, aus der Konstruktion entwickelte Gestaltung und übernahm Schmuckelemente aus dem Steinbau. So werden 1685 beim Haus Lange Straße 82 in Hannoversch Münden (Abb. 8) auf die Ständer gewundene Säulen aufgemalt und die Gefache marmoriert. Im Verlauf der weiteren Entwicklung wurde das Marmorieren zu einer eigenständigen Dekorationsform, die sich vom Vorbild des echten Marmors immer mehr entfernte und Putzfelder gleichermaßen überzieht wie Holzteile.

Die evangelische Pfarrkirche in Oybin (Kreis Löbau-Zittau, Sachsen, Abb. 9) ist mit ihrer Ausmalung von 1737 ein sehr schönes Beispiel für die Kunst des Marmorierens. Sie wird ebenso wie Stuckmarmor und Stuccolustro heute noch von Fachfirmen beherrscht und etwa im Fortbildungszentrum für Handwerk und Denkmalpflege der Deutschen Stiftung Denkmalschutz in Görlitz den Nachwuchskräften vermittelt.

Die Entwicklung vom Mittelalter bis ins 20. Jahrhundert

Backstein ist nicht gleich Backstein

Mit dem Backstein als Baustoff habe ich mich im Rahmen dieser Buchreihe schon mehrfach beschäftigt, meist bezüglich seiner Rolle in der mittelalterlichen Baukunst. Hier werde ich die Entwicklung der Maße, Farben und Oberflächen der Backsteine bis in das 20. Jahrhundert verfolgen.

Das Material für die ersten Backsteinbauten wurde aus Ton in sogenannten Feldbrandöfen gebrannt. Auf dem dritten Wismarer Backsteinkongress im September 2008 wurde diese frühe, primitive Methode anschaulich dargestellt (Abb. 1). Die Firma Falkenløwe stiftete die 2.500 Rohlinge, wie man die nach einer Trockenzeit von fünf Wochen mit den Händen in Formkästen gedrückten und mit einem Holz glatt gestrichenen Grünlinge nennt. Die Rohlinge wurden so aufeinandergeschichtet, dass sie einen innen hohlen Meiler ergaben, der Öffnungen zur Sauerstoffzufuhr für das Feuer und zum Nachlegen des Holzes besaß. Das Feuer brannte zwei Tage und zwei Nächte, dann ließ man es ausgehen, konnte den Ofen wegen der großen Hitze jedoch noch nicht öffnen. Mein zweites Foto (Abb. 2) stammt daher von einer ähnlichen Demonstration im Kloster Jerichow vor einigen Jahren. Damals hat man den Ofen zu früh geöffnet, und man erkennt, dass die innenliegenden Steine stärker durchgebrannt sind als die äußeren und deshalb ein stärkeres Rot aufweisen.

Bevor man fest gemauerte Brennöfen baute, was ungefähr seit dem 14. Jahr-

Abb. 1 (oben): Die Backstein-Rohlinge werden in Feldbrandöfen gebrannt

Abb. 2: Gebrannte Backsteine in unterschiedlichen Farbtönen

Abb. 3: Farbspiel der Backsteine an der ev. reformierten Kirche in Eilsum/Ostfriesland

Abb. 4:
Grobe Backsteinfassade versus verputzte Variante: die Kirchen St. Anna und die Bernhardinerkirche in Vilnius/Litauen

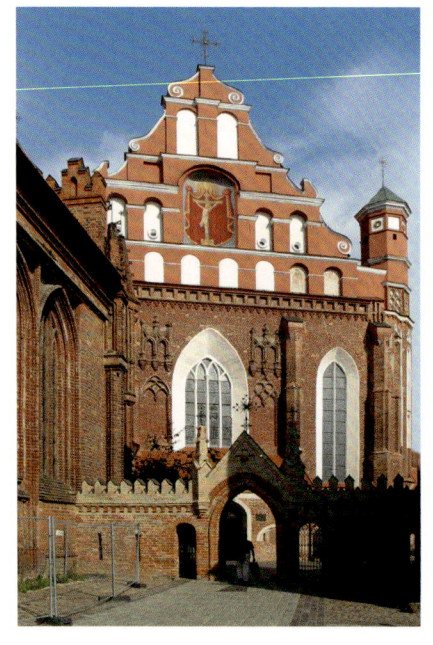

hundert üblich wurde, fiel der Brand in den Farben sehr unterschiedlich aus – von einem tiefen Rot bis zu Rosa- oder Ockertönen. Die Rotfärbung geht auf den Eisengehalt des Tons zurück, der sich durch das Brennen bei etwa 1000 Grad in Eisenoxid verwandelt. Es gibt auch Vorkommen, bei denen der Ton kein Eisen enthält, so die inzwischen erschöpften Vorkommen in Glindow bei Berlin, aus denen gelbe Backsteine hergestellt wurden. Die unvollkommene Technik der Feldbrandöfen hat zu verschiedenen Abtönungen mit einem lebhaft wirkenden Farbenspiel wie bei der evangelisch-reformierten Kirche in Eilsum/Ostfriesland (Abb. 3) geführt, das von uns heute als ästhetisch angenehmer empfunden wird als die völlig einheitlichen, industriell hergestellten Maschinensteine der Gegenwart.

Vom ersten Aufkommen der großformatigen Backsteine etwa um 1180 bis zum Beginn des 16. Jahrhunderts betrugen die Maße 28–30 cm Länge, 14–15 cm Breite und 8–9 cm Höhe. Sie wurden nicht zufällig so gewählt,

Abb. 5:
Als weiße Streifen gut wahrnehmbar sind die Trenngliederungen aus Kalkstein am Schöningschen Haus in Norden

sondern nach der festen, vom Fußmaß des Mittelalters ausgehenden Größe des Formkastens, der einen Fuß (30,5–31 cm) lang, einen halben Fuß (15,25–15,5 cm) breit und einen drittel Fuß (10–10,5 cm) hoch war. Beim Trocknen des Grünlings zum Rohling schwindet dann die Größe ebenso wie beim Brennen des Rohlings zum fertigen Backstein. Man nennt diese großformatigen Backsteine Klostersteine, weil die Klöster der Zisterzienser zum Beispiel in Bad Doberan oder der Prämonstratenser in Jerichow bei der Einführung und Verbreitung der Backsteintechnik eine führende Rolle spielten. Bei den Produkten einer Ziegelei sind die Maße aller Backsteine gleich, sonst ergeben sich Abweichungen, sowohl durch die in Deutschland bis zur Einführung des Meters verschiedenen Größen des Fußmaßes als auch durch die unterschiedliche Zusammensetzung des Tons, der beim Trocknen und Brennen in unterschiedlichem Maße schrumpfen kann.

Bis zum 17. Jahrhundert hält sich der großformatige Klosterstein, wird aber mit Beginn der Renaissance nur noch selten als Sichtmauerwerk gezeigt. Verputzt wird mit dem preiswerten Baumaterial ein Werksteinbau imitiert. Den Wechsel kann man beim gotischen Ensemble vom litauischen Vilnius an den beiden Kirchen (Abb. 4) ablesen. Während St. Anna 1495–1500 noch ganz aus sichtbaren Backsteinen erbaut wurde, wurde der Renaissance-Giebel der dahinter stehenden Bernhardinerkirche im späten 16. Jahrhundert bereits verputzt und rot gestrichen.

Bis zu Schinkels 1824–30 erbauter neugotischer Friedrichswerderscher Kirche in Berlin gab es in Deutschland kaum noch Kirchen aus sichtbarem Backstein. Nur im Küstengebiet von Nord- und Ostsee blieb man aus klimatischen Gründen dem Sichtmauerwerk aus Backsteinen treu, mischte diese aber mit Gliederungen aus Kalk- oder Sandstein, wie zum Beispiel am Schöninghschen Haus in Norden (Abb. 5) aus dem Jahr 1576. Diesen Wechsel von jeweils 4 bis 6 Backsteinlagen mit einem Streifen aus hellem Kalkstein, der den

Abb. 6: Die Steingröße an der Neuen Kanzlei in Aurich beträgt nur noch 25 × 12 × 5 cm

Abb. 7: Die klassizistische Lambertikirche in Aurich

Abb. 8:
Klinkersfassade in Leer/Ostfriesland

Abb. 9:
Apsis der ev. lutherischen Kirche in Roggenstede/Ostfriesland

Abb. 10:
Klinkerfassade des Pfarrhauses der ev.-lutherischen Gemeinde in Wittmund

holländischen Einfluss auf die Baukunst der Renaissance in Ostfriesland verrät, nennt man in den Niederlanden „Specklagen".

Vom 17. Jahrhundert an verwendete man anstelle der großformatigen Backsteine solche von mittlerer Größe, so 1688 bei neuen Bauteilen an St. Cosmae in Stade mit den Maßen 25 × 12 × 6–6,6 cm, wobei jetzt 13–14 Schichten auf einen Meter Mauerwerk kommen, beim Klosterstein des Mittelalters sind es nur 10–10,5 Schichten.

Im 18. Jahrhundert werden die Backsteine noch einmal kleiner, sie messen bei der 1731 erbauten Neuen Kanzlei des Schlosses in Aurich (Abb. 6) 25 × 12 × 5 cm. So kommen nun 17 Schichten auf einen Meter Mauerwerk. Dieses Kleinformat prägt auch die Backsteinbauten des Klassizismus wie die Lambertikirche in Aurich (Abb. 7), bei der in den Jahren 1833–35 Backsteine im Format 25 × 12–12,5 × 5 cm verwendet wurden, mit 16,5 Schichten auf einen Meter.

Mit der fortschreitenden Industrialisierung durch den Einsatz von Wasserkraft und Dampfmaschinen wurde es möglich, Backsteine fabrikmäßig herzustellen. Wesentlich dafür war die Erfindung der Strangpresse, bei der ein schneckenartiges Gewinde – ähnlich einem Fleischwolf – den möglichst festen Lehm durch ein rechteckiges Mundstück presst, während ein Abschneider – ein gespannter Draht – aus dem endlosen Strang gleichgroße Längen abtrennt. Diese Maschinensteine sind alle gleich groß, sehr glatt und hart, denn man verwendet wegen der größeren Festigkeit Schieferton anstelle des für Handstrichsteine üblichen Moränentons.

Durch den Bau von mit Steinkohle befeuerten Ringöfen konnte man Brenntemperaturen bis zu 1 200 Grad erzeugen und dadurch Klinkersteine herstellen, wie sie beim Haus Neue Straße 8 in Leer (Abb. 8) in der Zeit um 1880 eingesetzt wurde. Man verwendete gern gelbe Klinker für die Wandflächen und rote für die Gliederungselemente. Das Format wird wieder etwas höher, aber kürzer, nämlich 19,7 × 10,5 × 5,6 cm mit 16 Schichten auf einen Meter.

Bei der Erneuerung der romanischen Apsis der ev.-luth. Kirche im ostfriesischen Roggenstede (Abb. 9) hat man zwar kleinformatige Steine im Format 23 × 11 × 5 cm bei 16 Schichten auf einen Meter gewählt, einige auch stolz mit Namen und dem Datum 1891 versehen, sich aber in der Farbe durch die Mischung unterschiedlicher Brennvorgänge und weniger hoher Brenntemperaturen den romanischen Klostersteinen aus der Zeit um 1250–75 angenähert. Das kleinere Format wählte man wohl, um besser die Rundung der Apsis mit ungebogenen Backsteinen mauern zu können. Jugendstil und Expressionismus bevorzugten sehr hart gebrannte dunkle Klinker, auch in dunkelblauen und violetten Farbtönen wie um 1920–30 beim Pfarrhaus der ev.-luth. Gemeinde in Wittmund (Abb. 10) mit Maßen von 22 × 10,5 × 5 cm und 16,5 Schichten auf einen Meter.

Bei Ausbesserungsarbeiten an mittelalterlichem Mauerwerk darf man keine Maschinensteine einsetzen, wie dies leider bei der Bernhardinerkirche in Vilnius (Abb. 11) geschehen ist. Für die zu glatten und harten Klinker wählte man zwar das mittelalterliche Klosterformat, dennoch werden die Maschinensteine sich nie durch Alterung den historischen Handstrichsteinen mit ihrer weichen, rauen und rissigen Oberfläche anpassen, wie dies bei zwar neuen, aber in der alten Technik hergestellten Handstrichsteinen – zum Beispiel am Turm der Marienkirche in Wismar (Abb. 12) – schon nach wenigen Jahren zu beobachten ist.

Abb. 11 (oben): Maschinell hergestellte Backsteine wurden bei der Instandsetzung der Bernhardinerkirche in Vilnius verwendet.

Abb. 12 (unten): Traditionell hergestellte Backsteine passen ihre Farbe durch den natürlichen Alterungsprozess an das historische Mauerwerk an.

Wie man die Baugeschichte ablesen kann

Solides Mauerwerk bewegt sich

*Abb. 1:
Weit sichtbar über der Stadt thront der Turm der Marienkirche in Wismar. Der Grundriss des Kirchenbaus ist durch Aufmauerungen heute wieder nachvollziehbar gemacht.*

Die Marienkirche in Wismar war bis zu ihrer schweren Beschädigung im April 1945 und der Sprengung durch das DDR-Regime 1960 eine der drei großen gotischen Pfarrkirchen von Wismar. Geblieben ist der hohe, schlanke Turm, der als Wahrzeichen bis weit ins Land zu sehen ist und als Seezeichen für die Schifffahrt der Ostsee diente (Abb. 1).

Seinen ursprünglich gotischen Pyramidenhelm hat er schon im Mittelalter durch Blitzschlag oder einen Orkan verloren. Ein anschließend über den vier sich kreuzenden Satteldächern aufgesetzter Dachreiter brannte 1539 infolge eines Blitzschlags ab und wurde daraufhin erneuert. Nachdem auch dieser 1661 vom Sturm heruntergeworfen worden

oberen Geschosse an den Kanten Eckverzahnungen aus Kalksteinen haben. Von Osten aus gesehen (Abb. 2) erkennt man, dass es sich um eine nachträgliche Aufstockung handelt. Der zweigeschossige Unterbau des Turmes gehört nämlich noch zum Vorgängerbau der Kirche, einer dreischiffigen Hallenkirche aus der Zeit um 1260–70, deren Seitenschiffe breiter als die der nachfolgenden Basilika waren. Deshalb überschneiden deren Strebepfeiler die Verbindungsbögen zu den Seitenräumen des Turmes. Rechts des nördlichen Wandpfeilers sind noch die Spuren für den Schildbogen zum Gewölbe des nördlichen Seitenschiffes zu sehen, aus denen man eine Raumhöhe von 16 Metern errechnen kann.

In der Zeit um 1310 hatte man die Hallenkirche abgebrochen und sie unter Erhaltung des Turmstumpfes und seiner Seitenkapellen durch eine Basilika ersetzt, deren Seitenschiffe schmaler waren, deren Mittelschiff jedoch mit 32,3 Metern doppelt so hoch wie die drei Schiffe der Hallenkirche war. Man erkennt dies noch am Schildbogen des Mittelschiffs. Vor allem aber weist der darüberliegende Abdruck des Satteldaches darauf hin, dass der alte Turm für den Neubau des 14. Jahrhunderts viel zu niedrig war und deshalb um drei Geschosse auf eine Gesamthöhe von rund 80 Metern auf-

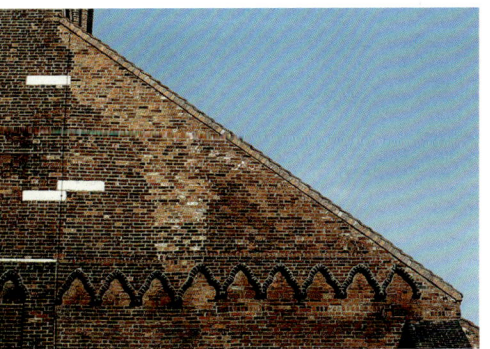

Abb. 2:
Blick von Osten auf den erhaltenen Turm der Marienkirche

war, resignierte man und beließ es bis heute bei der provisorischen Lösung.

Betrachtet man den Turmkörper von Westen, fällt auf, dass nur die drei

Abb. 3:
Versprung der Spitzbogenfriese an der Nordseite durch eine Setzungsbewegung...

Abb. 4:
...und etwas weniger sichtbar an der Südseite

gestockt werden musste. Dabei wurden jedoch die Fundamente des schon etwa 130 Jahre stehenden Turmes nicht verstärkt, obwohl sie jetzt ein mindestens doppelt so hohes Gewicht aufnehmen mussten. Unter dieser erhöhten Last sackte der Turm um etwa 60 Zentimeter in den Erdboden hinein, die Seitenkapellen aber machten diese Bewegung nicht mit und blieben stehen. Das erkennt man an den waagerechten Spitzbogenfriesen über den Blendfenstern an der Westseite des Turmes, wo auf der Nordseite (Abb. 3) deutlich ein Versprung zu sehen ist. Die drei südlichen Spitzbögen wurden mit der Turmwand nach unten gedrückt, die nach Norden anschließenden blieben in ihrer alten Lage. Ähnlich, wenn auch nicht ganz so stark, ist der Befund auf der Südseite (Abb. 4).

Aus der Senkung des Turmes erklärt sich auch, dass die Basen der Gewölbedienste in den Turmkapellen auf unterschiedlichem Niveau stehen. So setzen in der Nordkapelle die Basen der nördlichen Außenwand (Abb. 5) auf dem Fußboden auf, während man für die südlichen an der Turmwand (Abb. 6) einen kleinen Schacht mauern musste, um ihre um etwa 60 Zentimeter tiefere Lage zeigen zu können. Ähnlich ist die Differenz der Basen in der Südkapelle zwischen der südlichen Außenwand (Abb. 7) und der Turmwand (Abb. 8).

Zweierlei kann man aus diesen Beobachtungen erschließen: Zum einen, dass mittelalterliches Mauerwerk äußerst flexibel ist und auf Bewegungen im Untergrund langsam und ohne ernsthafte Schäden oder gar Einsturz reagiert. Zum anderen erweist sich der Turm der Marienkirche – wie so viele mittelalterliche Bauwerke – als eine lebendige Chronik, in der man wesentliche Aufschlüsse über die Baugeschichte erhält, wenn man gelernt hat, in ihr zu lesen.

Abb. 5:
Die Basen der nördlichen Außenwand der Nordkapelle setzen auf dem Boden auf.

Abb. 6:
Die Basen an der Turmwand liegen 60 cm tiefer.

Abb. 7:
Die südliche Außenwand der Südkapelle

Abb. 8:
Die Basen an der Turmwand liegen ebenfalls um 60 cm vertieft.

Wie die Landschaft den Kirchenbau beeinflusst hat

Vom Findling zum Granitquader

Geologie, Topographie, Klima und Geschichte sind die Grundlagen, aus denen die Kulturlandschaften in Deutschland hervorgegangen sind. Besonders deutlich wird dies in den Küstengebieten der Nordsee, wo das Meer und die Stürme als Naturgewalten bis heute am stärksten wirken.

Das Meer war mit seinen Sturmfluten Feind und Freund zugleich. Es überflutete die Marschen, bevor der Mensch es mit dem Deichbau zurückdrängte, brachte jedoch fruchtbare Sinkstoffe mit, aus denen die fetten Marschböden entstanden. Mensch und Tier schützte man in Ostfriesland schon in vorgeschichtlicher Zeit durch die Anlage von Warfen, künstlich aufgeworfenen Hügeln, die über die Hochwassergrenze ragten und so Schutz boten.

Die ersten christlichen Kirchen des 8. Jahrhunderts bestanden hier aus Holz, wie Grabungen in Emden und Stedesdorf nachgewiesen haben. Da es im niederdeutschen Küstengebiet keine Natursteinvorkommen gibt, musste man in den baumlosen Marschen das Holz herbeischaffen, was mit Schiffen oder Flößen nicht schwierig war. Dort, wo Ortschaften auf Geestrücken angelegt worden waren, die bis an die Buchten des Meeres reichten, konnte man auch Tuffstein aus der Eifel herbeischaffen. So hat man in der Zeit um 1150 in Arle (Abb. 1) auf der sehr hohen Warf eine Tuffsteinkirche erbaut. Dieses Material ist beim Abbau im Steinbruch so weich, dass man es mit Schrotsägen schneiden konnte. Leider hat der Tuffstein große Poren, in die das Wasser eindringt und bei Frost das Abspringen der Oberfläche bewirkt. Dabei sind die Schäden auf der Südseite der Kirche von Arle größer als auf der hier sichtbaren Nordseite, wo nur die untere Mauerzone wegen der aufsteigenden Feuchtigkeit so zerstört war, dass man sie in jüngster Zeit – denkmalpflegerisch richtig wieder in Tuffstein – völlig auswechselte. Auf der Südseite führt die starke Erwärmung im Frühjahr bis zu 20 Grad und die nächtliche Abkühlung auf bis zu minus 10 Grad zu so großen Spannungen, dass das Material darauf mit Rissbildungen oder Absprengungen reagiert. Man sollte bei Kirchen im Nordseegebiet nicht versäumen, die Nordseiten zu betrachten, hier wird man die meiste Originalsubstanz finden, zumal man in die Südseiten in der Zeit nach der Reformation

*Abb. 1:
Eine Tuffsteinkirche auf einer aufgeschütteten Warf in Arle*

Welches Material beim Bau Verwendung findet

Abb. 2: Die Feldsteinkirche in Bliedersdorf wurde ursprünglich vollständig aus Granitsteinen errichtet.

Abb. 3: Die Kirche in Middels ist eine von vier komplett erhaltenen Granitquaderkirchen in Ostfriesland.

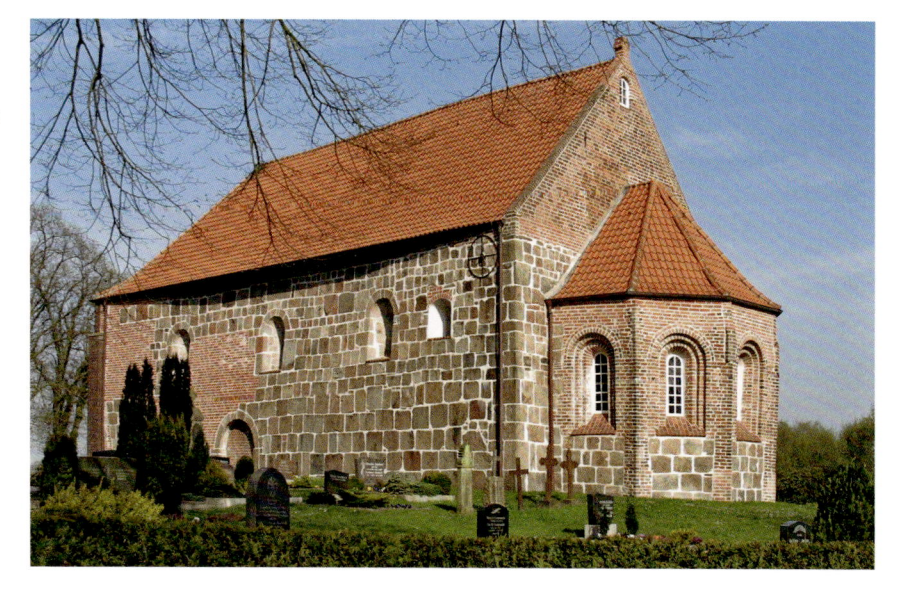

häufig große Fenster eingebrochen hat, um mehr Licht zu gewinnen.

Auf den Geestrücken gab es Granitfindlinge, die in der Eiszeit mit den Gletschern aus Skandinavien hierher gelangt sind. Soweit es sich um etwa fußballgroße Findlinge handelt, hat man daraus Feldsteinkirchen aufgemauert, wie zum Beispiel in Bliedersdorf (Kreis Stade, Abb. 2). Dieses Material ist wegen seiner Urwüchsigkeit bei romanischen Dorfkirchen sehr beliebt, allerdings nicht so haltbar, wie man vermuten möchte, denn die allseits runden Steine mit der sehr harten Oberfläche lassen sich nur schwer durch Mörtel miteinander verbinden. So ist denn auch in Bliedersdorf der Ostgiebel des Langhauses eingestürzt und musste in Fachwerk erneuert werden. Auch am Mauerwerk darunter zeigen sich bereits Schäden.

In Ostfriesland und im nach Osten anschließenden Jeverland hat man aus den Granitfindlingen Quadersteine geschaffen und zu Granitquaderkirchen vermauert. Davon gibt es im Jeverland 13, von denen einige durch schriftliche Nachrichten in die Mitte des 12. Jahrhunderts datiert werden können. In Ostfriesland gibt es komplett erhaltene noch in Asel, Marx, Buttforde und Middels (Abb. 3). Außerhalb des jeverländisch-ostfriesischen Raumes kommen Granitquaderkirchen hauptsächlich an der von Nordfriesen besiedelten Westküste von Schleswig-Holstein und im dänischen

Jütland vor. Das Mauerwerk aus Granitquadern ist von besonderer Schönheit durch den Maßstab der rechteckig zugehauenen Blöcke, die in Middels im Durchschnitt 60 Zentimeter hoch und bis zu 80 Zentimeter breit sind, in Buttforde sogar bis zu 125 Zentimeter breit. Fast fühlt man sich an die Monumentalität des antiken Zyklopenmauerwerks erinnert. Zur eindrucksvollen Größe kommt das wechselnde Farbspiel von rötlichen, violetten und grauen Tönen.

Wie mühsam war es, aus dem harten Granit der großen runden Findlinge Quadersteine zu meißeln! Zunächst hat man den kugelförmigen Findling gespalten, in dem man ihn angebohrt hat, wie man an einem Quaderstein an der Stiftskirche von Wildeshausen (Kreis Oldenburg, Abb. 4) noch ablesen kann. Dazu wurden primitive Drillbohrer verwendet, die aus einem Stab mit einer unteren Eisenspitze und einer um den Stab geschlungenen Schnur bestanden. Die Eisenspitze hatte zwar durch ständiges Schmieden die Härte von Stahl, musste aber immer wieder nachgeschärft werden, bis das Bohrloch tief genug war. Dort hinein schlug man trockene Holzkeile, die man wässerte. Dadurch erzielte man eine Sprengwirkung, wie sie auch durch eingefülltes Wasser und nächtlichen Frost erreicht werden konnte.

Die sehr großen Findlinge stammen wohl häufig von vorgeschichtlichen Großsteingräbern, wie eines davon in Osterholz-Scharmbeck (Abb. 5) erhalten geblieben ist. An der Oberseite eines Steines (Abb. 6) sind bereits Bohrlöcher eingebracht worden. Man verzichtete dann aber offenbar auf die geplante Spaltung, vielleicht auch deshalb, weil es inzwischen Backsteine gab, mit denen man wesentlich leichter bauen konnte.

Abb. 4: Angebohrter Quaderstein in der Mauer der Stiftskirche von Wildeshausen

Abb. 5: Granitfindlinge in einem vorgeschichtlichen Großsteingrab in Osterholz-Scharmbeck

Abb. 6: Granitstein mit gedrilltem Bohrloch

Welches Material beim Bau Verwendung findet

Abb. 7:
Teileinsturz einer Quadermauer in Waddewarden/ Friesland

Abb. 8:
Heruntergestürzte Granitquader

Abb. 9
An der Kirche in Buttforde sollen in die Wand eingelassene Eisenanker das Herausdrücken der Granitquader verhindern

Abb. 10:
Die Nordseiten der Granitquaderkirchen haben sich am besten bewahrt

Die Granitquadermauern sehen wegen der großen Härte der Steine unvergänglich aus, sind aber dennoch für Schäden anfällig. Das liegt vor allem daran, dass man die gespaltenen Findlinge keineswegs an allen sechs Seiten sorgfältig behauen hat, sondern lediglich an der Sichtseite. Die daran anschließenden Flächen wurden nur in einer Tiefe von ungefähr 20 Zentimetern geglättet, um ein Auflager nach oben und unten zu gewinnen. Beim Teileinsturz von Quadermauerwerk in Waddewarden (Kreis Friesland, Abb. 7) wurde sichtbar, wie wenig die Granitquader durch den Mörtel mit dem Füllmauerwerk aus Steinbrocken verbunden sind. Bei den heruntergestürzten Steinen (Abb. 8) erkennt man ihre Form, die ungefähr einem romanischen Würfelkapitell entspricht. Wegen des schlecht auf der dichten Granitoberfläche haftenden Mörtels und des geringen Auflagers neigen die schweren Steine zum Verkanten und schließlich zum Herausfallen, wie man an der Südwand der Kirche in Buttforde (Abb. 9) feststellen kann. Man hat verzweifelt mit großen, kreuzförmigen Eisenankern versucht, die herausdrückenden Steine zu halten.

So gab es im Laufe der Jahrhunderte immer wieder Einstürze, vor allem bei den Westmauern und den halbrunden Apsiden. Am besten sind – wie bei den Tuffsteinkirchen und auch aus den gleichen Gründen – die Nordseiten der Granitquaderkirchen bewahrt geblieben. Das ist sowohl in Middels als auch in Buttforde (Abb. 10) zu erkennen. Für die gewaltigen, ungegliederten Mauern und einfachen Innenräume der romanischen Baukunst waren Granitquader durchaus geeignet, nicht aber für die in Gliedersystemen gestaltende Gotik, für die rechtzeitig die Backsteinbauweise nach dem Vorbild Oberitaliens entwickelt wurde.

Dendrochronologie schreibt Geschichte von Häusern neu

Was Jahresringe verraten

Für die Datierung von Baudenkmalen erhielten Kunstwissenschaft und Hausforschung in Deutschland seit Mitte der 1960er Jahre Hilfe durch Forstbotaniker, denen es anhand der Jahresringe zunächst von Eichenholz, dann aber auch von Nadelholz gelang, das exakte Datum der Fällung von Bauholz festzustellen. Erst seit der Industrialisierung wird dies durch maschinengetriebene Sägen geschnitten. Zuvor wurden aus den runden Baumstämmen die im Querschnitt quadratischen oder rechteckigen Bauhölzer mit der Breitaxt herausgehauen, was man nur mit frisch gefällten Bäumen machen konnte, abgelagertes Holz war dafür zu hart.

Bäume setzen, je nachdem ob es sich um trockene oder nasse Zeiträume handelt, unterschiedlich dicke Jahresringe

Abb. 1:
Jahresringe mit Datierung in einer Holzprobe aus dem hessischen Limburg

Welches Material beim Bau Verwendung findet

*Abb. 2:
Aus der Waldkante des Bauholzes, lässt sich das Fälldatum von Bäumen ermitteln wie bei diesem Haus im hessischen Limburg*

*Abb. 6 (S. 79 gegenüber):
Reste hölzerner Vorgängerbauten im Hof von Schloss Romrod*

an. Wie die auf der Vorseite abgebildete Holzprobe vom Gotischen Haus im hessischen Limburg (Straße: Römer 2-4-6, Abb. 1) zeigt, ergibt sich im Laufe des Wachstums ein ganz bestimmter Rhythmus von unterschiedlich dicken Jahresringen. Setzt man diesen in eine graphische Kurve um, kann man im Vergleich zu vorhandenen Kurven ermitteln, dass der Baum für den abgebildeten Balken 1289 gefällt worden ist. Man muss dafür allerdings eine Sammlung von Kurven besitzen, um die zu bestimmende mit einer bereits bekannten zur Deckung bringen zu können. Fällt man heute eine Eiche, die 250 Jahre alt ist, gewinnt man eine Kurve für die Jahre 1761–2011. Findet man ein Bauholz, das 1861 aus einem 200 Jahre alten Baum herausgearbeitet wurde, kann man es durch teilweises Übereinanderlegen mit der Kurve von 1761–2011 datieren und kommt bereits bis in das Jahr 1661 zurück, und so weiter bis in die weit zurückliegenden Jahrhunderte.

Man muss allerdings immer in derselben Klimazone bleiben, denn wir merken ja in unserer Zeit auch, dass einem trockenen, heißen Sommer im Küstengebiet durchaus ein nasser, kühler im Alpenraum gegenüberstehen kann.

Will man ein Bauwerk mit Hilfe der Dendrochronologie datieren, muss das dafür ausgewählte Holz im Laufe des Bauvorgangs eingebaut und fest mit dem Bau verbunden sein. Zur Bestimmung des exakten Fälldatums benötigt man die Waldkante, die unmittelbar unter der Baumrinde liegt. Hat man wenigstens noch das Splintholz, das sind die letzten etwa zehn noch vom Saft durchströmten Jahresringe, kommt man zu einer ungefähren Datierung von plus/minus fünf Jahren. Im Fall des monumentalen Fachwerkhauses Römer 2-4-6 in Limburg (Abb. 2) war noch ein großer Bestand von Bauhölzern mit Waldkante aus der Erbauungszeit von 1289 vorhanden, so zum Beispiel bei den Sparren des komplett erhaltenen Dachstuhls (Abb. 3). Auch konnten in Limburg die Hausforscher mit Hilfe der Dendrochronologie fünf weitere Fachwerkhäuser in den Zeitraum zwischen 1289 und 1296 einordnen. Das passt zeitlich gut in die Limburger Stadtgeschichte, denn am 14. Mai 1289 verwüstete ein schriftlich überlieferter Brand die Stadt, die jedoch aufgrund ihrer wirtschaftlichen Kraft durch Getreidehandel und Wollweberei sofort zu einem Wiederaufbau in der Lage war.

Mit der Entdeckung der Dendrochronologie begann eine neue Ära der

Baugeschichte, die für viele Gebäude neu geschrieben werden musste. Lange Zeit stand an dem Haus Kuhgasse 1 in Gelnhausen (Abb. 4), es sei das älteste in Hessen, erbaut um 1340. In Wirklichkeit zählen jetzt die erwähnten Häuser in Limburg von 1289 und auch das Haus Schellgasse 8 in Frankfurt-Sachsenhausen von 1291 zu den ältesten.

Wahrscheinlich standen bis zur Zerstörung im Zweiten Weltkrieg noch ältere Fachwerkhäuser zwischen Römer und Dom in Frankfurt, von denen wir zwar historische Fotografien besitzen, jedoch nie mehr ihr Alter bestimmen können.

Eine gewisse Sensation bedeutete die Datierung des Fachwerkhauses Rote Straße 25 in Göttingen (Abb. 5) in das Jahr 1276, nicht allein wegen des nochmals höheren Alters, sondern weil es schon damals traufenständig erbaut worden ist. Damit scheint diese für das Mittelalter besondere Bauweise im Harzraum und Leinetal von Anfang an üblich gewesen zu sein, während im übrigen Deutschland die Häuser an der Straße mit der schmalen Giebelseite angeordnet waren.

Die Dendrochronologie ist auch bei Ausgrabungen eine große Hilfe, konnten doch im Hof von Schloss Romrod die hölzernen Vorgängerbauten in die Zeit zwischen 1176 und 1192 datiert werden. Die hier abgebildeten Reste vom sogenannten Niederlass (Abb. 6) zeigen bereits eine voll ausgebildete Schwelle mit eingezapften Ständern, eine fortschrittliche Konstruktionsweise, die von der älteren Forschung erst vom 14. Jahrhundert an für möglich gehalten wurde.

Doch nicht allein für den Fachwerkbau brachte die erst vor rund einem

Abb. 3:
Sparren im Dachstuhl mit erhaltener Waldkante

Abb. 4:
Fachwerkhaus in der Kuhgasse 1 in Gelnhausen, um 1340

Abb. 5:
Traufenständiges Fachwerkhaus Rote Straße 25 in Göttingen

Welches Material beim Bau Verwendung findet

Abb. 7: Mithilfe der Dendrochronologie ist man heutzutage in der Lage, das Alter von Bauholz präzise zu bestimmen, wie etwa hier beim Grauen Haus in Winkel/Hessen.

halben Jahrhundert entwickelte Dendrochronologie neue Forschungsergebnisse. So schwankte zuvor beim Grauen Haus in Winkel (Rheingau, Hessen, Abb. 7) die Datierung zwischen dem 9. und dem 12. Jahrhundert, bis die Jahresringe eines Holzes das Datum 1075 ergaben. Bei der Remigiuskirche in Büdingen (Abb. 8) war die Enttäuschung bei den örtlichen Forschern groß, als hier bei einem fest mit dem Bau verbundenen Holz das Fällungsdatum 1047 ermittelt wurde, hatte man den Bau doch bis dahin wegen seiner kleinen Rundfenster und seines altertümlichen Westquerbaus in Analogie zu St. Severin in Passau in die Zeit um 800 datiert.

Angesichts weitgehend fehlender schriftlicher Überlieferung für die Entstehungsgeschichte mittelalterlicher Bauten ist die Dendrochronologie für die Kunstgeschichte eine große Hilfe. Liefert sie doch exakte Datierungen, die als Festpunkte für ungefähre zeitliche Einordnungen aufgrund der Stilformen dienen können.

Abb. 8: Die Remigiuskirche in Büdingen ist jünger als ursprünglich angenommen.

Womit das Kircheninnere gestaltet wird

Den Kirchengrundrissen, ob Saalkirche, Basilika, Hallenkirche und Zentralbau, habe ich in den ersten Bänden verschiedene Kapitel gewidmet. Die Kirchenausstattung unterliegt naturgemäß einem schnelleren Wandel, sie hängt von der Entstehungszeit ab genauso wie von den Mitgliedern der Gemeinde. Ob Taufstein oder Taufengel, gotisches oder romanisches Fenster, ob historisches Instrument wie die Orgel von 1457 in der Rysumer Dorfkirche oder die prachtvolle Barockorgel – wir erhalten Einblicke in die Glaubens- und Gedankenwelten vergangener Epochen. Das Erkennen der Unterschiede wie der Gemeinsamkeiten, der Entwicklung der äußeren wie der inneren Erscheinung profaner wie kirchlicher Kunstwerke und die Einordnung in die Zusammenhänge gelingt erst, wenn wir gelernt haben, Kulturgeschichte sehen zu lernen – was dieses Buch Ihnen erleichtern soll.

Wandgliederungen romanischer und frühgotischer Kirchen

Frühgotik aus der Normandie

Abb. 1: Freigelegter Chor der reformierten Kirche in Rysum: Die vier Rundpfeiler ragen als innere Mauerschale in den Raum hinein.

Die reformierte Kirche in Rysum, einem ostfriesischen Dorf unweit von Emden in der Krummhörner Marsch, war bisher wegen ihrer gotischen Orgel aus der Zeit um 1457 bekannt, eine der ältesten, noch voll bespielbaren in Europa. Jetzt kann die Kirche aus einem zweiten Grund kunstgeschichtliches Interesse beanspruchen. Dem Gebäude selbst hat man bis vor einigen Jahren keine besondere Aufmerksamkeit geschenkt, denn das Schiff ist ein schlichter Saalbau aus dem 15. Jahrhundert und vom quadratischen Ostteil heißt es im „Dehio" lediglich, er stamme in seiner unteren Partie aus dem 14. Jahrhundert und sei 1585 zu einem Turm umgebaut worden.

Die von der Deutschen Stiftung Denkmalschutz geförderten Bauarbeiten der vergangenen Jahre erbrachten eine Überraschung, denn man fand heraus, dass es sich um den mittelalterlichen Chor der Kirche handelt, der nach seinen spätromanisch-frühgotischen Formen aus der Mitte des 13. Jahrhunderts stammen muss, also 100 Jahre älter ist als bisher angenommen. Wie häufig bei reformierten Kirchen hatte man den ehemaligen Altarraum durch eine Empore vom Kirchenschiff abgetrennt und in einen Abstellraum umgewandelt, dabei bis zur Unkenntlichkeit seiner ursprünglichen Gestalt verbaut.

Jetzt gelang es, die interessante Wandgliederung des einst gewölbten Chores freizulegen und sehr ansprechend wiederherzustellen (Abb. 1). Über einem unteren geschlossenen Sockel ist die Wand in zwei Mauerschalen aufgelöst. Fünf zur Mitte hin ansteigende schlanke Rundbögen gliedern das spitzbogige Feld des Schildbogens, über dem einst das Gewölbe lag. Sie ruhen auf vier gleich hohen, schwarz gestrichenen Rundpfeilern mit rot gefärbten Basis- und Kämpferplatten, die frei vor der äußeren Mauerschale stehen.

Einen ähnlich zweischaligen Wandaufbau weisen die Dorfkirchen von Engerhafe und Bunde auf. Dabei dürfte die

Frühgotik aus der Normandie

Abb. 2:
St. Johannes Baptist in Engerhafe gilt als erste Kirche in Ostfriesland mit zweischaligem Wandaufbau.

Abb. 3:
Der Chor von St. Martini in Bunde folgt dem Vorbild der Johanneskirche in Engerhafe.

Abb. 4:
Auch beim Chor des Osnabrücker Domes lässt sich an den Rundbögen ein zweigliedriger Wandaufbau beobachten.

1250 als Sendkirche bezeugte Kirche St. Johannes Baptist in Engerhafe (Abb. 2) als erste in Ostfriesland die Mauer in zwei Wandebenen aufgegliedert haben, denn sie gilt auch aus anderen Gründen als Vorbild für den Chor der Kirche St. Martini in Bunde (Abb. 3). In Engerhafe stehen die Rund- beziehungsweise Rechteckpfeiler so weit vor der Wand entfernt, dass dahinter ein – wenn auch enger – Laufgang Platz hat.

Man kann den Weg dieses architektonischen Motivs von Ostfriesland bis in die Normandie zurückverfolgen. Zunächst von Engerhafe nach Westfalen zum Dom von Münster und von dort zum Chor des Domes in Osnabrück (Abb. 4), der unter Bischof Adolf von Tecklenburg ab 1218 neu erbaut wurde. Von Westfalen weist das Motiv des zweischaligen Wandaufbaus nach Caen in der Normandie, wo es bei der von Wilhelm dem Eroberer um 1064/66 gegründeten Abteikirche St. Etienne (Abb. 5) und der von seiner Frau Mathilde 1059 gegründeten Abteikirche Ste. Trinité (Abb. 6) vorkommt. Allerdings entstand bei beiden Kirchen das Motiv des zweischaligen Wandaufbaus erst in der Zeit um 1100 bis 1120 im Zusammenhang mit der nachträglichen Einwölbung beider Kirchen, die zunächst Holzdecken besaßen. Bereits um die Mitte des 11. Jahrhunderts entwickelte sich in der Normandie der Übergang von der romanischen, aus blockhaft geschlossenen Mauern bestehenden Bauweise zu der in Gliedersystemen gestaltenden der Frühgotik.

Abb. 5:
Das architektonische Motiv lässt sich bis in die Normandie zurückverfolgen, wie die Abteikirche Saint-Étienne in Caen beweist.

Abb. 6:
Abteikirche Sainte-Trinité in Caen

Abb. 7:
Die Bündelpfeiler in der romanischen Abteikirche von Mont-Saint-Michel zeugen vom zunehmenden Einfluss der Frühgotik.

Früher noch als bei den beiden genannten Abteikirchen von Caen geschah dies bei der ab 1022/23 erbauten Abteikirche von Mont-Saint-Michel, deren Südwand (Abb. 7) noch im Original erhalten geblieben ist. Die Rundbögen der Arkaden, Emporenöffnungen und Obergadenfenster kennzeichnen den Bau als romanisch, die starke Aufgliederung der Mauer lässt die Tendenz der sich entwickelnden Gotik spüren. An die Stelle einfacher Rund- oder Rechteckstützen sind Bündelpfeiler mit quadratischem Kern und aufgelegten halbrunden Diensten getreten. Diese steigen in flachen Wandvorlagen bis zur Mauerkrone auf, waren aber noch nicht für steinerne Gewölbe, sondern nur für einen offenen Dachstuhl als oberen Raumabschluss vorgesehen. Nur die schmalen Seitenschiffe weisen steinerne Kreuzgratgewölbe auf. Die Gotik hat ihren Ursprung also in der Wandgestaltung normannischer Kirchen, erst im zweiten Schritt kam die Fähigkeit hinzu, breite Mittelschiffe zu überwölben.

Den Beitrag dazu leistete der Süden Frankreichs, wo in der Provence zahlreiche Römerbauten als Vorbild dienen konnten. Die Geschichte der Menschheit ist keineswegs von stetig wachsenden Fähigkeiten geprägt, es gibt auch Epochen wie die der Völkerwanderung, in denen diese verloren gingen und erst mühsam neu entwickelt werden mussten.

Frühgotik aus der Normandie

Die häufigen Kirchenbrände zwangen dazu, Holzdecken durch steinerne Gewölbe zu ersetzen. Bei der Stiftskirche St. Philibert in Tournus gelang es bereits um 1050, auch das breite Mittelschiff zu überwölben, nach römischer Art noch mit Tonnengewölben, die jedoch keine Fortsetzung des Gliedersystems der Wände in den oberen Raumabschluss erlauben. Dies war erst mit der Entwicklung von Kreuzrippengewölben möglich, wie sie um 1120 nachträglich in beide Stiftskirchen von Caen eingefügt worden sind.

In Deutschland weist zum ersten Mal – wohl unter dem Einfluss von Mont-Saint-Michel – der Dom zu Speyer (Abb. 8) in der Zeit zwischen 1030 und 1061 eine Wandgliederung auf. Der Unterschied zu dem bisherigen romanischen Gestaltungsprinzip mit blockhaft geschlossenen Mauern, in die die glatten Arkaden wie eingeschnitten wirken, wird bei dem Vergleich mit der 1105 bis 1124 erbauten hochromanischen Klosterkirche Paulinzella in Thüringen (Abb. 9) deutlich. Die Gewölbe sind in Speyer wie in Caen erst um das Jahr 1100 eingebaut worden, dabei wurde jedem zweiten Pfeiler ein stärkerer Runddienst vorgelegt.

Die von ersten Anfängen heranreifende Gotik findet ihren Weg von der Normandie über Westfalen auch nach Ostfriesland und zeugt davon, dass unsere Baukunst europäische Wurzeln hat, aus denen jedoch regionale Besonderheiten der einzelnen Kunstlandschaften entstanden sind.

Abb. 8: Wandgliederung im romanischen Dom von Speyer

Abb. 9: Klosterkirche Paulinzella in Thüringen

Mittelalterliche Taufsteine im niederdeutschen Raum

Löwen, Taustäbe und Palmetten

Abb. 1: Verzierter Taufstein aus Granit in der Kirche von Dunum

Nach dem Beispiel der Taufe Christi durch Johannes im Jordan pflegte man in der frühen Christenheit die Erwachsenentaufe vorzunehmen. Das geschah in Baptisterien, wie sie mit ihren Taufbecken aus dem 4. Jahrhundert im römischen San Giovanni in Fonte und in St. Jean, Poitiers, noch erhalten sind. Vom frühen Mittelalter an wurden Kinder bereits kurz nach der Geburt getauft, und zwar tauchte man sie ganz ins Taufbecken. Heute begnügt man sich damit, ihnen einige Tropfen lauwarmen Wassers auf die Stirn zu träufeln, ebenso wie denen, die erst als Erwachsene in die Kirche eintreten. Die Baptisten haben bis heute ausschließlich die Erwachsenentaufe beibehalten.

So wie die Taufkapellen der Spätantike meist im Westen der Kirche angeordnet waren, standen auch die romanischen und gotischen Taufsteine im Westeingang der Kirche. Nach der Vorstellung des Mittelalters kam das Böse aus dem Westen, das Allerheiligste dagegen befand sich im östlich gelegenen Chor. Nur Getaufte sollten sich dem Chor der Kirche nähern dürfen.

Bei den Grabungen in der Kirche von Marienhafe (Ostfriesland) konnten Studenten unter meiner Leitung einen in der Mittelachse des Westjochs liegenden Taufbrunnen freilegen (Abb. 2): Kreisförmig hatte man hier keilartig ausgestochene Torfsoden mit Mörtel vermauert. Der Brunnen diente bei Sturmfluten sicher auch zur Trinkwasserversorgung der in die Kirche geflüchteten Bewohner.

Die ältesten Taufsteine im niederdeutschen Küstenraum bestanden aus Granit, der in Gestalt von Findlingen mit den Gletschern der Eiszeit in die hochgelegenen Geestgebiete gekommen war. Meist sind es schlichte Becken in

Form eines Kegelstumpfes ohne Verzierungen. Diese konnte man nur mühsam in das harte Gestein einmeißeln. Ein derartiges Exemplar steht in der lutherischen Dorfkirche von Buttforde. In der Kirche von Dunum – beide in Ostfriesland – ist der Granittaufstein (Abb. 1) dagegen mit vier archaisch wirkenden Relieffiguren ausgestaltet. Ihre Unterkörper sind ähnlich den Runddiensten geformt, die in schwächerer Form zwischen den Figuren erscheinen. Ein etwa gleichzeitig um 1200 entstandenes Werk befindet sich in der Kirche des unweit gelegenen Funnix.

Über eigene Natursteinvorkommen verfügen die niederdeutschen Küstengebiete nicht. Der nördlichste Steinbruch befindet sich in Bad Bentheim, das westlich von Osnabrück auf einem Sandsteinfelsen aus der Ebene ragt. Von hier aus wurden Grabplatten und vor allem Taufsteine als Fertigprodukte exportiert, nicht nur in die nähere Umgebung, wie nach Gehrde im Landkreis Osnabrück (Abb. 3), sondern auch in das gesamte niedersächsische Küstengebiet. Die Taufsteine des sogenannten Bentheimer Typs sind auf den ersten Blick an ihrer auch in Gehrde vorkommenden Grundform zu erkennen: Das zylindrische Becken wird von vier Löwen um einen runden Fuß getragen.

Abgesehen von den eher an Hofhunde als an Löwen erinnernden Trägerfiguren finden sich die einzigen Ornamente an der Wandung des Beckens. Taustäbe und stilisierte Rankenfriese sind die ersten wohl noch im 12. Jahrhundert entstandenen Verzierungen. Im Verlauf dieses Jahrhunderts treten sie immer häufiger auf. So finden sich am Taufstein von Marienhafe (Abb. 4) zusätzlich ein zweiter unterer Taustab und ein zweiter unterer stilisierter Palmetten- und Bogenfries. Der Stein stammt vom romanischen Vorgängerbau aus der Mitte des 12. Jahrhunderts und wurde in der heutigen gotischen Kirche in unmittelbarer Nähe oder oberhalb des Taufbrunnens (Abb. 2) aufgestellt.

Zu Beginn des 13. Jahrhunderts wurden die Ornamentfriese an der Beckenwandung der Bentheimer Taufsteine naturalistischer und plastischer, wie es deutlich am Beispiel aus der lutherischen Kirche in Remels (Gemeinde Uplengen, Abb. 5) zu erkennen ist. Er dürfte zu den letzten dieses Typs gehören, der nach der Mitte des 13. Jahrhunderts nicht mehr auftaucht.

Aus der Zeit danach habe ich westlich der Elbe bisher keine Taufsteine aus Bentheimer Sandstein finden können. An ihre Stelle treten in Ostfriesland die Arbeiten aus einem sehr weichen

Abb. 2: Runder Taufbrunnen in der Marienhafer Kirche

Abb. 3: Beliebtes Importgut an niederdeutschen Küsten: Taufsteine – wie hier in Gehrde bei Osnabrück (Historische Aufnahme, der Taufstein steht schon seit langem wieder in der Kirche.)

Abb. 4:
Ab dem 12. Jahrhundert begann man damit, Beckenwände kunstvoll zu verzieren wie hier in Marienhafe

Abb. 5:
Palmettenfries auf dem Taufstein der lutherischen Kirche in Remels

Sandstein, der in den Baumbergen bei Münster gewonnen wurde. Dieses Material ermöglichte formenreiche Arbeiten wie Taufsteine und zum Beispiel auch Sakramentshäuser, die im Kircheninneren erhalten blieben. Wenn sie draußen stehen, verwittern die Figuren und Ornamente jedoch schnell.

In Ostfriesland sind mir bisher vier vollständig erhaltene und ein schwer beschädigter Taufstein dieses Typs bekannt. Auch bei ihnen kündigt sich Verlauf der zweiten Hälfte des 13. Jahrhunderts ein

Stilwandel von Spätromanik zur Frühgotik wie in Nesse (Norderland, Abb. 6) zu dem in Middels bei Aurich (Abb. 7) an. Beide gleichen sich im Gesamtaufbau des Kegelstumpfes durch den oberen plastischen Rankenfries und die darunter liegenden Szenen aus dem Neuen Testament. Während in Nesse die Gestalten einer Szene wie die der Anbetung der Könige noch sehr statuarisch gestaltet und auf drei Bogenfelder verteilt sind, fällt diese Trennung in Middels weg. Vor allem aber sind die Darstellungen hier

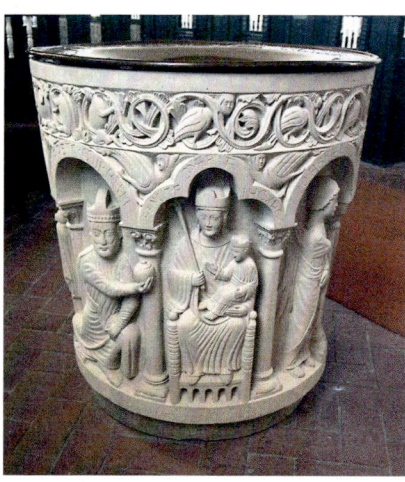

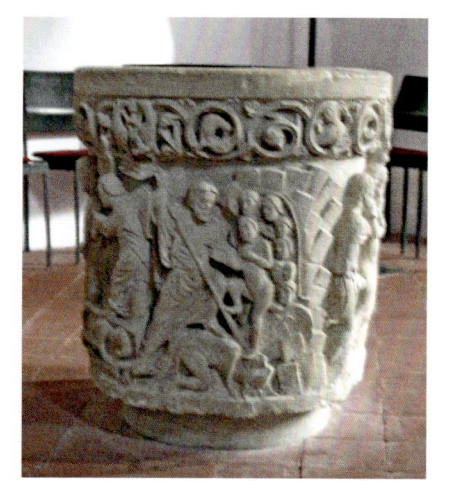

Abb. 6:
Die Anbetung der Könige, dargestellt auf einem Taufstein in Nesse (Norderland)

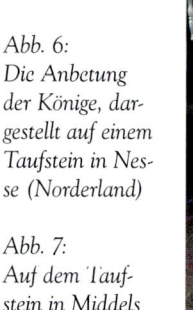

Abb. 7:
Auf dem Taufstein in Middels bei Aurich hat der Künstler Jesus Kampf gegen den Teufel verewigt.

von einer für das gesamte 13. Jahrhundert ungewöhnlich dramatischen Bewegung erfüllt. Ähnlich kennen wir sie nur am Westlettner des Naumburger Doms. Dies wird besonders bei der Szene der Öffnung der Hölle durch Christus spürbar. Mit welch schwungvoller Bewegung hier der Erlöser die Lanze in den Kopf des Teufels stößt!

Wenn der Sandstein aus der Nähe von Münster kommt, liegt es nahe, auch dort nach dem genialen Künstler zu suchen. Ich konnte jedoch in der Region nichts Vergleichbares finden. Es besteht aber eine stilistische Verwandtschaft zur Verkündigungsgruppe im Chorumgang der Ludgerikirche in Norden (Abb. 8) bei der Art, wie der Engel in schreitender Haltung von links auf Maria zugeht und diese ob des schweren Auftrags erschrocken und abwehrend die rechte Hand hebt. Die Verkündigungsgruppe stammt aus der bis 1756 restlos abgebrochenen zweiten Pfarrkirche St. Andreas. Sie fand zusammen mit anderen für zwei Jahrhunderte im Südgiebel von St. Ludgeri Aufstellung und ist deshalb entsprechend verwittert. Diese anderen Figuren und die 1829 beim Abriss der alten Kirche von Marienhafe geborgenen Statuen – darunter eine ähnliche der Maria – sind das Werk von Schülern des genialen Meisters der Verkündigungsgruppe in Norden. Er könnte auch den Taufstein in Middels geschaffen haben.

Zur Gruppe der aus der Mitte des 13. Jahrhunderts stammenden Taufsteine aus Baumberger Sandstein gehört eventuell auch der in der Dorfkirche des sehr viel weiter westlich gelegenen Assel im Kreis Stade. Leider sind hier alle plastischen Reliefs so stark abgewetzt, dass sich eine direkte Verwandtschaft zur ostfriesischen Gruppe zwar annehmen, aber schwer nachweisen lässt.

Abb. 8: Verkündigungsgruppe im Chorumgang der Ludgerikirche in Norden

In Mecklenburg-Vorpommern sind kelchförmige Taufsteine mit Bogenfriesen an der Kuppa – dem eigentlichen Taufbecken – sehr verbreitet. Die Beispiele des späten 12. und frühen 13. Jahrhunderts sind aus Granit und befinden sich unter anderem in Hohenkirchen bei Wismar, in Steffenshagen bei Bad Doberan und in Teterow. Die jüngeren aus der Mitte oder der zweiten Hälfte des 13. Jahrhunderts wurden aus Kalkstein hergestellt, der wohl mit Schiffen von der Insel Gotland nach Wismar – der Taufstein aus St. Georgen steht jetzt im Münster von Bad Doberan –, nach Grevesmühlen, Parkentin oder Rerik transportiert wurde.

Von der Mitte des 14. Jahrhunderts an gab es im niederdeutschen Küstengebiet immer mehr Taufbecken aus Bronze, im Barock kamen Taufschalen und in lutherischen Gegenden Taufengel immer mehr in Mode.

Geschichte der Orgeln vom Mittelalter bis zum Frühbarock

Bezahlt mit fetten Kühen

Abb. 1:
Die Orgel in der evangelisch-reformierten Dorfkirche in Rysum mit sieben Registern und insgesamt 424 Pfeifen gehört zu den ältesten spielbaren Orgeln der Welt.

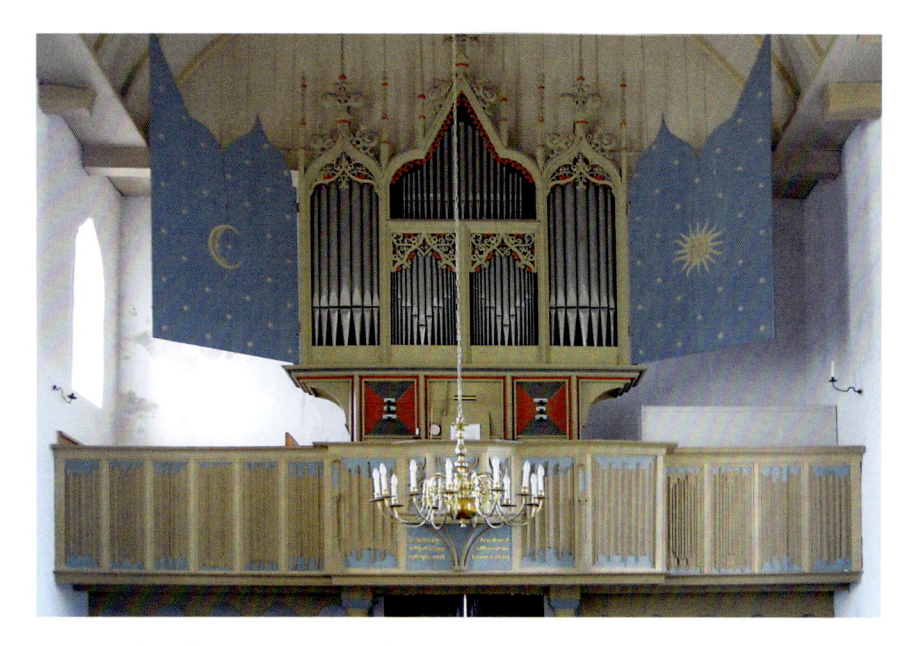

Die Orgel wird wegen der Vielfalt ihrer Stimmen Königin der Instrumente genannt und erfreut sich gerade in unserer Zeit zunehmender Beliebtheit. In den kunstgeschichtlichen Reiseführern wurden bisher meist nur die Prospekte beschrieben, deren Gestalt jedoch nicht nur vom jeweiligen Baustil ihrer Entstehungszeit, sondern auch vom Aufbau des Orgelwerks abhängig ist.

Als älteste Orgeln in Europa gelten nach jetzigem Forschungsstand die von Sion (Schweiz) von etwa 1430–35, die im zum westfälischen Soest gehörenden Ostönnen aus der Zeit zwischen 1425 und 1431, die in Rysum (Ostfriesland) von 1457 sowie die Orgeln in Lübecks St. Jacobi von 1466/67 und im hessischen Kiedrich, die um 1500 entstand. Jede von ihnen nennt sich gern die älteste der Welt, jedoch kann auf diesen Titel die von Rysum am ehesten Anspruch erheben, weil sie fest datiert ist und bei ihr der Prospekt, die hier eher zurückhaltende Schauseite, und weitgehend auch das Orgelwerk noch aus der Erbauungszeit stammen. Bei der Orgel in Notre-Dame-de-Valère von Sion ist zwar der Prospekt mit seinen bemalten Flügeltüren noch gotisch, das Werk wurde jedoch 1686–88 zu einem Barockinstrument unter Verwendung gotischer Pfeifen umgebaut. Das Instrument von St. Andreas/Ostönnen besitzt nur noch die Windlade von 1425/1432 und 50 Prozent aller Pfeifen aus der Zeit vor 1500, bei St. Jacobi in Lübeck ist nur noch das Hauptwerk mittelalterlich.

Über die Entstehung der Orgel in der evangelisch-reformierten Dorfkirche von Rysum (Abb. 1) sind wir so gut unterrichtet, weil die Kirchengemeinde 1457 den angemahnten Kaufpreis in fetten Kühen entrichtete. Sie steht auf der Westempore mit der auf 1513 datierten Organistenkanzel. Wegen des Einbaues einer flacheren Decke war ihr Prospekt zwischenzeitlich in den oberen Teilen gekappt und der Flügel beraubt worden. Beides konnte jedoch nach vorhandenen Fragmenten zuverlässig rekonstruiert werden. Entsprechend dem Aufbau des Instruments mit nur einem Manual und ohne Pedal ist die Gestaltung des Prospekts relativ einfach mit einem breiten, zweigeschossigen Mittelfeld, das in einem Eselsrücken endet und den beiden seitlichen in Kielbögen auslaufenden Seitenfeldern. Der besondere Reiz liegt in dem zierlichen Gespinst der Schleierbretter aus Kielbögen, Ranken und Fischblasen sowie den bekrönenden Fialen mit ihren Kreuzblumen. Das spätgotische Gehäuse besitzt noch die originalen Prospektpfeifen, die wie in Sion aus Blei gefertigt sind, in Rysum aber durch eine aufgelegte Zinnfolie ein helles silbriges Bild erhalten haben. Das Instrument verfügt über sieben Register, von denen noch vier original gotisch sind, die drei anderen wurden 1959/60 gewissenhaft rekonstruiert, so dass der ursprüngliche gotische Klang wiedergewonnen werden konnte. Dieser wirkt auf unser von Barockorgeln beeinflusstes Gehör fremdartig, alte Charakterisierungen sprechen von einer gleichzeitigen Rauigkeit und Süße. Es handelt sich um eine mitteltönige Stimmung, die es – wie auch in Kiedrich – nicht erlaubt, Kompositionen von Johann Sebastian Bach zu spielen, denn erst durch sein Wohltemperiertes Klavier erhielten die Orgeln ein den Kompositionen entsprechendes Klangbild.

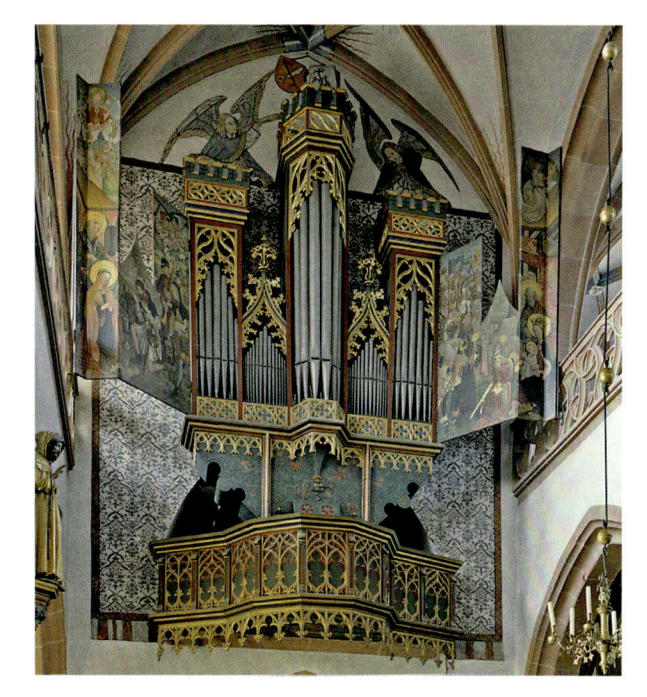

Entscheidend für das originale Klangbild ist auch, dass in der Gotik die Verteilung der komprimierten Luft aus den Bälgen in die Pfeifen noch durch das Blockwerksystem erfolgte. Dies erlaubt es nur, die im Prospekt sichtbaren Pfeifen allein oder das volle Werk aller Pfeifenreihen zusammen erklingen zu lassen. Erst später entwickelte man die Schleiflade, in der Schleifen genannte Lochleisten den Weg des Windes in jeder gewünschten Weise zu den Pfeifen freigeben. Mit der Erhaltung der Blocklade gehört die Orgel von Rysum zu den wenigen Instrumenten, die eine adäquate Wiedergabe der Orgelkompositionen des 15. und 16. Jahrhunderts ermöglichen.

Stärker als in Rysum sind die späteren Veränderungen an der um 1500 entstandenen Orgel in der katholischen

Abb. 2: Die spätgotische Orgel von St. Valentinus und Dionysius in Kiedrich im Rheingau

Abb. 3:
Mit spätgotischen Flügeltüren, dreieckigen Seitentürmen und vergoldeten Labien am Pfeifenfuß weist die Orgel der evangelisch reformierten Dorfkirche von Utrum Merkmale dreier kulturgeschichtlicher Epochen auf.

Pfarrkirche St. Valentinus und Dionysius von Kiedrich im Rheingau (Abb. 2). Sie war mehrfach repariert und im Gehäuse wie auch im Werk 1653 barockisiert worden. Ihre Rückführung auf das spätgotische Erscheinungsbild des Prospekts und die originale mitteltönige gotische Stimmung ist dem britischen Baron John Sutton zu verdanken, der 1857 das kostbare Instrument entdeckte und mit 6.000 Gulden restaurieren ließ. Dabei wurden durch den Fürther August Martin aus gotischen Fragmenten das Gehäuse wiederhergestellt und die Flügeltüren mit ihrer Bemalung neu geschaffen.

Den instrumentalen Teil mit seinen acht gotischen Registern restaurierte Louis-Benoît Hooghuys aus Brügge. Das 1653 von Johann Wendelin Kirchner hinzugefügte Positiv mit sechs Manualen, selbständigem Pedal und sieben Registern behielt man auch bei der jüngsten Restaurierung 1987 bei. Es ist aber unsichtbar in der Turmkammer untergebracht, so dass der Prospekt allein vom gotischen Teil des Instruments mit einem Manual und acht Registern bestimmt wird. Im Vergleich zu dem fast 50 Jahre älteren Prospekt von Rysum fällt auf, dass die aus Fischblasen und Kielbögen gebildeten Schleierbretter sehr viel kräftiger sind und durch die Betonung des vortretenden polygonalen Mittelturms und der rechteckigen Seitentürme eine wesentlich größere Plastizität erreicht wird. An die Stelle der bewegten Silhouette aus Fialen mit Kreuzblumen in Rysum tritt in Kiedrich ein blockhaft geschlossener Abschluss, womit bereits der Übergang zum Orgelbau der Renaissance und des Frühbarock eingeleitet wird.

Dafür ist die Orgel in der evangelisch-reformierten Dorfkirche von Uttum in Ostfriesland (Abb. 3) ein hervorragendes Beispiel. Sie entstand um 1660, enthält jedoch ältere Bestandteile, die der Überlieferung nach von einer Orgel aus der untergegangenen Klosterkirche von Sielmönken nach Uttum gebracht sein sollen. Die Flügeltüren stehen noch ganz in der Tradition der Spätgotik. Geöffnet dienten sie der Klangabstrahlung, geschlossen schützten sie das kostbare Orgelwerk vor Schmutz und Ungeziefer. Ähnlich wie die Flügel der Altäre wurden sie in der Fastenzeit zugeklappt, um neben dem körperlichen auch das geistige Fasten deutlich zu machen.

Der Aufbau des Prospekts ist mit dem hohen polygonalen Mittelturm, den dreieckigen Seitentürmen und den dazwischen liegenden Flachfeldern bereits typisch für Barockorgeln. Die originalen Prospektpfeifen mit ihren vergoldeten Labien – den Kernspalten am Pfeifenfuß – haben sowohl optisch als auch mit ihrem vokalen Klang noch den Charakter einer Renaissance-Orgel des 16. Jahrhunderts, also von einem älteren Instrument, von dem sie übernommen worden sind. Es gibt noch kein Pedal, sondern nur ein Manual mit neun Registern, darunter eins der ältesten Trompetenregister, wodurch ein heller bläserhafter Klang erzeugt wird. Ursprünglich diente sie noch als Soloinstrument, die Begleitung des Gemeindegesanges wird erst im 17. Jahrhundert zur Aufgabe der Orgeln.

Zu den großartigsten frühbarocken Klangkörpern gehört die 1653–59 vom Lübecker Orgelbauer Friedrich Stellwagen geschaffene Orgel in der Marienkirche von Stralsund (Abb. 4) auf der gleichzeitig geschaffenen Musikempore an der Westseite des Mittelschiffes. Nach den üblichen Veränderungen im Laufe der Jahrhunderte mit ihren unterschiedlichen Klangidealen wurde ihre alte Disposition 1951–59 wiederhergestellt.

Nach sorgfältiger Dokumentation des Bestandes 1999–2000 – finanziert von der Alfried Krupp von Bohlen und Halbach-Stiftung – konnte sie schließlich dank der Hermann Reemtsma Stiftung von 2004 bis 2008 umfassend restauriert werden. Wie weit die Entwicklung zu einem gewaltigen Barockinstrument fortgeschritten war, demonstriert der Aufbau in vier Werke mit drei Manualen und einem selbständigen Pedal und insgesamt 51 Registern, einem Rückpositiv, dem Hauptwerk, einem Oberpositiv und einem selbständigen Pedal. Von den 3 500 Pfeifen stammen noch etwa 550 von Stellwagen, die anderen wurden sorgfältig rekonstruiert. Der instrumentale Aufbau spiegelt sich in dem über 20 Meter hohen Prospekt: im Vordergrund das im Rücken des Organisten in die Brüstung der Kanzel eingebaute Orgelwerk, das Rückpositiv, über dem Spieltisch das Hauptwerk, ganz oben das Oberpositv und außen an beiden Seiten die gewaltigen Pedaltürme mit den Basspfeifen. Zum reichen

Abb. 4:
Die hoch thronende Stellwagen-Orgel in der Marienkirche von Stralsund gilt mit ihrer reichhaltigen Verzierung als ein Prachtwerk des Frühbarock

*Abb. 5:
An den Vierungspfeiler geschmiegt, verteilt die Schnitger-Orgel in der Ludgerikirche in Norden ihre Klänge schräg in das Hauptschiff hinein.*

Schmuck der Schleierbretter und Hängezapfen an den Unterseiten, der Flammenzungen und Fratzen kommt ein aufwendiger Figurenschmuck. Im Mittelpunkt des Hauptwerks steht König David als Stammvater der geistlichen Musik. Die Türme werden von musizierenden Engeln bekrönt, ferner sind Sonne, Mond, Sterne und eine geflügelte Weltkugel dargestellt. So findet die gewaltige Stimmkraft ihren adäquaten Ausdruck in dem prachtvollen barocken Prospekt.

Arp Schnitger aus Hamburg kam es bei seiner 1686–88 und 1691/92 geschaffenen Orgel in der Ludgerikirche von Norden (Abb. 5) weniger auf einen prunkvollen Prospekt, sondern in erster Linie auf die Klangabstrahlung in der schwierigen räumlichen Situation an der Grenze zwischen dem Querschiff und dem deutlich höheren, durch Einbauten abgegrenzten basilikalen Chor an. Deshalb wickelte er förmlich sein umfangreiches, fünfteiliges Instrument mit drei Manualen und einem selbständigen Pedal sowie 46 Registern um den südöstlichen Vierungspfeiler. Dabei ist das Rückpositiv mit seinen elf Registern in die Brüstung einer eigenen von Stützen getragenen Empore eingefügt, dahinter ragt über dem Spieltisch das Hauptwerk mit zwölf Registern und ganz oben zurückgesetzt ein Oberpositiv mit acht Registern auf sowie – in das Querschiff gewandt – der mächtige Pedalturm mit den großen Basspfeifen für weitere neun Register.

Dieses zu den größten und bedeutendsten Barockorgeln Deutschlands zählende stimmgewaltige Instrument entfaltet seinen Klang in den einzelnen Raumteilen auf unterschiedliche Weise, was man beim leisen Umherwandern vom Querschiff in das Schiff und den Chor feststellen kann. Das Werk ist auch nicht aus einem Guss, sondern Schnitger verwendete alte Pfeifen von acht Registern von der Vorgängerorgel des Edo Evers aus den Jahren 1616–18, darunter solche aus dem noch älteren Werk von Andreas de Mare von 1566/67. Auch fügte er sein Oberpositiv erst 1691/92 hinzu, möglicherweise, um die Klangentwicklung in den Chor hinein zu verbessern. Von den 46 Registern sind 21 noch original, davon acht aus den Vorgängerorgeln. Auch die Windladen und die Zimbelsterne stammen von Arp Schnitger, so dass trotz der vielen späteren Veränderungen ein ungewöhnlich hoher Originalbestand existiert. Alle anderen Teile wurden 1981–85 so gewissenhaft rekonstruiert, dass dieses Instrument mit seiner mitteltönigen Stimmung besonders für Kompositionen aus dem späten 17. Jahrhundert – zum Beispiel von Dietrich Buxtehude (etwa 1637–1707) – geeignet ist.

Kunst und Technik der Orgeln von Silbermann bis Walcker

Mit Dukatengold überzogen

*Abb. 1:
Die Silbermann-Orgel in der Stadtkirche von Zöblitz erhielt Dank Spendermitteln der Deutschen Stiftung Denkmalschutz ihre ursprüngliche barocke Farbfassung zurück.*

Im vorhergehenden Beitrag über Orgeln habe ich die Entwicklung vom Mittelalter bis zum Ende des 17. Jahrhunderts geschildert. Als zweiter Teil folgt die Geschichte vom frühen 18. bis zum Beginn des 20. Jahrhunderts.

Genauso berühmt wie Arp Schnitger aus Hamburg zur Zeit des Komponisten

Dietrich Buxtehude (etwa 1637–1707) im Norden Deutschlands – Schnitger lieferte sogar ein Werk nach Brasilien – wurde zu Johann Sebastian Bachs Zeiten Gottfried Silbermann aus Freiberg in Sachsen (1683–1753).

Der Aufstieg dieses auch heute noch hochberühmten Orgelbauers vollzog sich ungewöhnlich rasch. Nach drei nicht erhaltenen kleineren Werken in Straßburg erhielt er den ersten Auftrag im Kurfürstentum Sachsen für das 1711 geschaffene, 1728 zerstörte Werk in Frauenstein. Noch vor dessen Vollendung wurde Silbermann 1710 der Auftrag für das Instrument im Freiberger Dom erteilt. Dort gründete er seine Werkstatt, aus der insgesamt etwa fünfzig Orgeln hervorgingen, von denen in Sachsen heute noch 29 erhalten sind, darunter als letzte und größte Schöpfung die in der Hofkirche von Dresden mit 47 Registern bei drei Manualen und einem selbständigen Pedal.

Silbermanns Ruhm gründete auf der hohen Qualität seiner handwerklichen Arbeit, die selbst nach längerem Gebrauch keine Reparaturen erforderte, und dem unverkennbaren Klang der Instrumente, bei dem Einflüsse der französischen Klassik zu hören sind. In seiner konservativen Haltung blieb er bei der vom Mittelalter bis zum Beginn des 18. Jahrhunderts üblichen mitteltönigen Stimmung. Dabei gibt es acht reine große Terzen, weitere vier sind zu groß und damit „unrein". Diese Stimmung war vor allem für die Kompositionen von J. S. Bach nicht so geeignet. Er führte deshalb die sogenannte wohltemperierte Stimmung ein, bei der alle Tonarten verwendbar sind.

Dank des sehr ambitionierten Förderers Hubert Hofer aus Bonn und dank weiterer Spendenmittel konnte die Deutsche Stiftung Denkmalschutz die Instandsetzung von bisher zehn Silbermann-Orgeln fördern. Aus ihnen ragt die in der Stadtkirche von Zöblitz im Erzgebirge (Abb. 1) heraus, da hier 1996–97 nicht nur das Werk sorgfältig restauriert und dabei auf den Originalzustand zurückgeführt wurde, sondern auch die ursprüngliche Farbfassung wiederhergestellt werden konnte. Diese war 1839 dem damaligen Zeitgeschmack entsprechend mit Bleiweiß überstrichen worden. Es gelang, die kostbare, weitgehend erhaltene Barockfassung freizulegen, entstandene Fehlstellen zu schließen und so den originalen Eindruck zurückzugewinnen. Die Rahmungen sind rot-, die Füllungen grünmarmoriert, das Laubwerk der Schleierbretter und äußeren Seitenbretter „mit purem Dukatengold überzogen", wie es im Kontrakt von 1746 mit dem Kunstmaler Johann Anton Fuchs aus Böhmisch-Katharinenberg heißt. Silbermann hatte den Prospekt 1742 nicht farblich gefasst, erst fünf Jahre später erfolgte die selten so gut erhaltene prachtvolle Bemalung im Zusammenhang mit der Farbfassung des Altars der Kirche.

So wie sich die Stimmung der Instrumente bei Silbermann im Laufe seines mehr als vierzigjährigen Schaffens kaum ändert, folgt auch die Gestaltung der Prospekte seiner konservativen Grundhaltung. Im Vergleich zu norddeutschen Orgeln sind seine Prospekte recht flach, er verwendet auch kein Rückpositiv. Der fünfachsige Aufbau aus breitem, erhöhtem Mittelturm, anschließenden zweigeschossigen Flachfeldern und äußeren Seitentürmen wiederholt sich immer wieder.

Dem Wandel in den Kompositionen vom Barock zur Romantik entsprechend änderten sich auch die Klangkörper, die ganz neue Orchesterinstrumente als Register aufnehmen. Bereits 1745 wurden von Anton Bayr Streichinstrumenten ähnliche Register in die erste in München gebaute Rokoko-Orgel für das Franziskanerkloster Ellingen eingeführt. Die mehrfach umgesetzte Orgel wurde wegen eines größeren Neubaus aus der Pfarrkirche von Walting in das von Dr. Sixtus Lampl beim Alten Schloss des oberbayerischen Valley vorbildlich geschaffene Orgelzentrum überführt, für das das Ehepaar Lampl eine treuhänderische Stiftung in der Deutschen Stiftung Denkmalschutz errichtet hat. Das ungewöhnlich frühe Aufkommen von „Streicher-Registern" erklärt Dr. Lampl aus der Vorliebe der Würzburger Bischöfe. Die Schönborns ließen bei feierlichen Gottesdiensten Orchestermessen erklingen. Da außerhalb der Residenzstadt in den Landgemeinden kein Hoforchester zur Verfügung stand, nahm der Orgelbauer Johann Philipp Seufert als Ersatz Register mit Streicherklang in seine Werke auf. Bei ihm war Anton Bayr wohl vor seiner Umsiedlung nach München in die Lehre gegangen.

Die Orgelbauer der Romantik nahmen vom frühen 19. Jahrhundert an immer neue Register mit Orchesterstimmen in ihre Dispositionen auf, allen voran die berühmte Orgelwerkstatt von Johann Simon und Carl August Buchholz in Berlin, aus der unter anderen die Orgeln in Barth von 1821, im siebenbürgischen Kronstadt 1839 und in der Stralsunder Nikolaikirche 1841 hervorgegangen sind. Letztere (Abb. 2) konnte mit wesentlicher Unterstützung unserer Stiftung in den Jahren 2003–06 in den Originalzustand zurückgeführt werden. Die Disposition enthält die für die Frühromantik typischen Register wie Gemshorn, Fagott, Viola da gamba und Viola d'amore. Das Instrument wurde schon bei der Abnahme 1841 als großes Meisterwerk eingestuft. Es steht stilistisch an der Grenze zwischen barockem und klassischem Klangbild auf der einen und romantischer Stimmung auf der anderen Seite. Eine gleichgroße Bedeutung hat der Prospekt, der bis auf das 1955 hinzugefügte Rückpositiv in seiner originalen neugotischen Ge-

Abb. 2: Buchholz-Orgel in der Stralsunder Nikolaikirche

Womit das Kircheninnere gestaltet wird

*Abb. 3:
Die Orgel im
Schweriner Dom
verfügte bei ihrer
Einweihung 1871
bereits über eine
Kegellade.*

von Kreuzblumen bekrönten Fialen wirken bereits sehr ausgereift. An den Seiten des Gehäuses hatten sich große Partien der originalen Farbigkeit in einem elegant wirkenden Altrosa erhalten, wonach das ursprüngliche Erscheinungsbild wiederhergestellt werden konnte.

Mit der Reichsgründung 1871 begann ein großer wirtschaftlicher Aufschwung, verbunden mit einem starken Wachstum der Städte. Neue Kirchen mit immer größeren Orgeln entstanden, meist im Stil der Neugotik sowohl in ihrer Architektur als auch in der Prospektgestaltung. In der Spätromantik wuchs die Begeisterung für die Orgelmusik. Das 19. Jahrhundert ist einerseits die Zeit des Historismus, also des Rückgriffs auf die Stile vergangener Epochen, andererseits aber auch die Zeit eines enormen technischen Fortschritts. Um der großen Nachfrage nach Orgeln folgen zu können, wurde deren Herstellung in fabrikähnlichen Hallen in großer Stückzahl ausgeführt.

Die bedeutendsten und erfolgreichsten Orgelbauer waren Wilhelm Sauer in Frankfurt/Oder, Eberhard Friedrich Walcker in Ludwigsburg und Friedrich Ladegast (1818–1905) in Weißenfels. Letzterer war Sohn eines Tischlers und Röhrenmeisters, der nach den üblichen Lehr- und Wanderjahren und den bescheidenen Anfängen mit dem Auftrag für die 1868–71 errichtete, gewaltige Orgel im Dom von Schwerin (Abb. 3) zu großem Ansehen gelangte. Mit vier Manualen, einem selbständigen Pedal, 84 Registern und insgesamt 5 200 Pfeifen ist sie das größte Werk von Ladegast, zugleich gehört sie zu den größten in Deutschland. Neben der traditionellen Schleiflade verwendete Ladegast auch die neu entwickelte Kegellade, die stalt erhalten geblieben ist. Als einer der Ersten in Deutschland geht er wohl auf die neogotischen Kirchenbauten von Karl Friedrich Schinkel oder Friedrich August Stüler zurück. Die Formen des siebenachsigen Aufbaus mit den spitzbogigen Feldern zwischen schlanken,

für eine verbesserte Luftzufuhr zu den großen Pedalbässen sorgt. Gegenüber der Disposition der Buchholz-Orgel in Stralsund von 1841 kommen deutlich mehr Register mit Orchester-Stimmen bei grundtöniger Stimmung hinzu.

Der zweiten, noch wesentlich weiterführenden Erfindung der Spätromantik, der pneumatischen Traktur, verschloss sich Ladegast jedoch und blieb bei der mechanischen, bei der die Verbindung zwischen den Tasten der Manuale und den Ventilen der Pfeifen durch Holzstäbe oder Drähte bewirkt wird. Der ab 1885 in Hausneindorf am Harz tätige Orgelbauer Ernst Röver aus Stade, der sich um die Entwicklung der pneumatischen Steuerung verdient gemacht hatte, baute 1896 für das Hamburger Schröderstift eine Orgel mit einer pneumatischen Traktur. Hier öffnen die Tasten Ventile, die dann durch Luftdruck in Bleirohren die Ventile in den Windladen steuern. Diese heute noch voll funktionstüchtige Orgel befindet sich seit 2003 ebenfalls im Orgelzentrum Schloss Valley.

Um 1880/90 übernahmen alle großen Orgelfirmen wie Sauer, Walcker und Steinmeyer die pneumatische Traktur, wodurch Ladegast weniger Aufträge erhielt und einen wirtschaftlichen Rückgang hinnehmen musste. Immerhin verließen bis zu seinem Tod 1905 insgesamt 125 Orgeln seine Werkhalle, von denen einige bis in die USA und nach Russland gelangten.

In Schwerin wurden die neugotische Orgelempore, der Prospekt, das Chor- und Gemeindegestühl, die Windfänge und der Fürstenstuhl 1867/68 von Theodor Krüger entworfen. Im Historismus

Abb. 4:
Mit dem Verzicht auf Gehäuse und Prospekt deutet die Walcker-Orgel in Wiesbaden bereits die Neue Sachlichkeit an.

beansprucht der freie Architekt die Gestaltung aller Ausstattungsstücke, der Orgelbauer liefert ihm dazu den Aufbau seines Instruments. Vier Pfeifentürme in der Art gotischer Fialen gliedern den Prospekt, dessen hoher Mittelteil von einem Wimperg bekrönt wird. Zwischen den seitlichen Pfeifentürmen liegen die doppelgeschossigen Flachfelder. Der Prospekt der Buchholz-Orgel in Stralsund wirkt im Vergleich zierlicher und eleganter, was auch auf der fast noch spätbarocken Farbfassung gegenüber dem dunklen Naturholz der Orgel von Schwerin beruht. Beide Orgelprospekte nehmen zwar gotische Motive auf, sind aber eigenständige Schöpfungen und keine Nachbildungen von Vorbildern der Gotik, die in dieser Gestalt im Mittelalter nicht existierten.

Im Unterschied zu Ladegast hatte der Orgelbauer Eberhard Friedrich Walcker (1794–1872) die pneumatische Traktur übernommen. Oskar Walcker, sein Nachfolger in der großen Ludwigsburger Firma, war technischen Neuheiten ebenfalls sehr aufgeschlossen und führte bei seiner Orgel von 1911 in der Lutherkirche von Wiesbaden (Abb. 4) die elektro-pneumatische Traktur ein. Bei ihr wirkt der Tastendruck durch Schließen eines Schwachstrom-Kreislaufs auf Magnete, die die Ventile für die Luftzufuhr in die Pfeifen aus der Windlade steuern.

In der Geschichte der Orgelmusik nimmt die Wiesbadener Walcker-Orgel eine Zwischenstellung zwischen der ausklingenden Romantik und der elsässischen, von Albert Schweitzer begründeten Reformbewegung ein. Diese hatte zum Ziel, die Erhaltung romantischer Grundzüge mit einer Annäherung an das Klangideal barocker Instrumente zu erreichen. Die Walcker-Orgel in Wiesbaden hat kein Gehäuse und keinen Prospekt, sondern die vorderen Pfeifenreihen bilden die Schauwand. Diese Freipfeifenprospekt genannte Gestaltung ist ein Vorläufer für die Orgeln der Neuen Sachlichkeit zwischen den beiden Weltkriegen. Der Verzicht auf ein Gehäuse hat grundsätzlich den Nachteil einer nicht zielgerichteten Klangabstrahlung. Dies spielt aber hier keine Rolle, weil die Orgel in eine eigens auf sie berechnete Nische hineinkomponiert worden ist. Da Architektur und Ausstattung der Kirche aus einer Hand von Friedrich Pützer gestaltet wurden, hat er sicher bei dieser Lösung mitgewirkt.

Wegen des weichen, die Ventilöffnung an die Spielerfinger nicht weitergebenden Anschlags kamen pneumatische und elektro-pneumatische Trakturen bald ganz aus der Mode. Die Empfindlichkeit dieser Technik führte dazu, dass sie vielfach nach dem Zweiten Weltkrieg durch Neubauten mit geschlossenem Gehäuse und der alten mechanischen Traktur ersetzt wurden. In seinem Orgelmuseum in Schloss Valley hat Dr. Sixtus Lampl eine ganze Reihe der höchst selten gewordenen Orgeln der Romantik gerettet, so auch die elektro-pneumatisch gesteuerte Steinmeyer-Orgel aus der ehemaligen Jesuitenkirche von Heidelberg. Die in Kirchen verbliebenen verdienen einen besonderen Schutz, zu dem auch die Deutsche Stiftung Denkmalschutz dank Ihrer Spenden beitragen kann.

**DEUTSCHE STIFTUNG
DENKMALSCHUTZ**

Spendenkonto 30 55555 00
Commerzbank Bonn · BLZ 380 400 07

Informationen über die Deutsche Stiftung Denkmalschutz
finden Sie im Internet unter www.denkmalschutz.de.

Ortsverzeichnis

A
Amöneburg 50
Annaberg 25
Arle 73
Asel 74
Assel 89
Aurich 88

B
Bad Bentheim 87
Bad Doberan 67, 89
Bad Nauheim 60
Barnstorf 64
Barth 97
Bath 37
Battenfeld 22
Beaune 30
Berlin 39, 46, 48, 52, 55, 57, 67, 97
Bliedersdorf 74
Borstel 20
Büdingen 17, 29, 80
Bunde 83
Buttforde 74, 76, 87

C
Caen 83, 84, 85
Calberwisch 24
Chicago 58

D
Darmstadt 59
Dessau 14
Dresden 47, 49, 55, 96
Dreveskirchen 11
Dunum 87

E
Edinburgh 41, 43
Eilsum 66
Ellingen 97
Engerhafe 83
Erbach 35
Eschwege 14

F
Florenz 33, 44, 45, 55
Frankfurt 79
Fulda 40, 62
Funnix 87

G
Gehrde 87
Geisenheim 43
Gelnhausen 29, 79
Gleschendorf 13
Glindow 66
Glottertal 19
Görlitz 50, 64
Göttingen 79
Grebenstein 21
Grevesmühlen 89

H
Hamburg 99
Hannover 49
Hannoversch Münden 64
Heidelberg 100
Hirsau 29
Hohenkirchen 89

J
Jauer 17
Jerichow 65, 67

K
Karlsruhe 40, 41
Kassel 35, 45
Kiedrich 90, 91, 92
Königswinter 51
Kranenburg 27
Kronstadt 97

L
Leer 68
Lemgo 24
León 28
Limburg 78, 79
Lorsch 32
Lübeck 25, 90
Lüneburg 27, 49

M
Mainz 34
Marburg 13
Marienhafe 86, 87, 89
Marx 74
Massing 16, 17
Michelstadt 12
Michelstadt-Steinbach 11
Middels 74, 88
Molsheim 34
Moskau 57
München 45, 49, 53, 57, 97
Münster 83, 88, 89

N
Naumburg 89
Nesse 88
Nîmes 11
Norden 67, 89, 94

O
Osnabrück 83, 87
Osterholz-Scharmbeck 75
Ostönnen 90
Oviedo 11
Oybin 64

P
Paris 38, 41, 53, 57, 60
Parkentin 89
Passau 80
Paulinzella 85

R
Rasdorf 18
Regensburg 64
Remels 87
Rerik 89
Riga 57
Roggenstede 69
Rom 32, 47, 53, 55
Romrod 79
Rößel 29
Rysum 81, 82, 90, 91, 92

S
Savannah 42
Schweidnitz 18
Schwerin 98, 99, 100
Speyer 85
Stade 68
Steffenshagen 89
Stralsund 93, 97, 99, 100

T
Teterow 89
Tournus 85
Trerice 23

U
Uttum 92

V
Valley 97, 99, 100
Venedig 25
Versailles 13
Vilnius 42, 67, 69

W
Waddewarden 76
Wald-Amorbach 30
Walting 97
Weimar 40
Wien 25, 30, 48, 49, 58, 59
Wiesbaden 39, 43, 44, 45, 49, 50, 53, 56, 57, 62, 100
Wildeshausen 75
Winkel 80
Wismar 69, 70, 89
Wittmund 69
Wörlitz 35, 37
Würzburg 39

Z
Zöblitz 96

„Städte und Baudenkmale sind wie eine steinerne Chronik. Ich möchte Ihnen zeigen, wie Sie darin lesen können."

Prof. Dr. Dr.-Ing. E. h. Gottfried Kiesow, Vorsitzender des Kuratoriums der Deutschen Stiftung Denkmalschutz

Die Bestseller von Gottfried Kiesow
Kulturgeschichte sehen lernen

Band 1
Aus dem Inhalt: Was an Wegstrecken zu entdecken ist · Was Gebäude über Baugeschichte verraten · Woran man Umbauten erkennt · Wie sich Gestaltungsformen entwickelt haben · Welche Einblicke Kulturdenkmale gewähren

96 Seiten, 145 meist farbige Abb., Format 17 x 23 cm, ISBN 978-3-936942-03-3
13,50 Euro

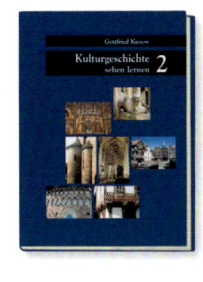

Band 2
Wie sich eine Stadt im Spaziergang erschließt · Was an Fachwerkbauten zu erkennen ist · Welche Einblicke mittelalterliche Kirchen bieten · Wie Sie die Steine zum Sprechen bringen · Wie man Fabelwesen deuten kann · Was sich hinter Zahlen verbirgt

104 Seiten, 168 meist farbige Abb., Format 17 x 23 cm, ISBN 978-3-936942-14-9
13,50 Euro

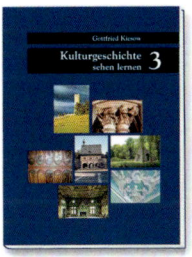

Band 3
Wo die Ursprünge der Baukunst liegen · Wie aus Farbe und Material Form wurde · Wie sich Bauformen wandelten · Warum man an der Ornamentik die Entstehungszeit erkennen kann · Wie die Natur gezähmt wurde

104 Seiten, 180 meist farbige Abb., Format 17 x 23 cm, ISBN 978-3-936942-54-5
13,50 Euro

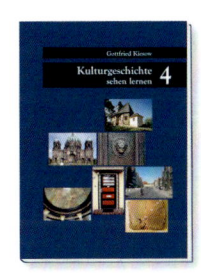

Band 4
Wie die Architektur Ideen widerspiegelt · Wovon mittelalterliche Bilderwelten erzählen · Was den Bauwerken ein Gesicht verleiht · Wie aus Häusern eine Stadt wird

104 Seiten, 186 meist farbige Abb., Format 17 x 23 cm, ISBN 978-3-386795-005-3
13,50 Euro

Erhältlich im Buchhandel oder bei
Deutsche Stiftung Denkmalschutz – **MONUMENTE** PUBLIKATIONEN
Dürenstraße 8, 53173 Bonn – Tel. 02 28/9 57 35-0, Fax 9 57 35-28, shop@monumente.de

DEUTSCHE STIFTUNG DENKMALSCHUTZ

Wir bauen auf Kultur.

Schirmherr:
Bundespräsident Walter Steinmeier

Stiftungsratsvorsitzender
Prof. Dr. Jörg Haspel

Vorstand:
Stephan Hansen,
Dr. Steffen Skudelny

Sitz der Stiftung
Schlegelstraße 1
53113 Bonn
Tel. 0228 9091-0
Fax 0228 9091-109

Die Deutsche Stiftung Denkmalschutz ist die größte private Initiative für Denkmalpflege in Deutschland. Sie setzt sich seit 1985 fundiert und unabhängig für den Erhalt bedrohter Baudenkmale ein. Ihr ganzheitlicher Ansatz ist einzigartig und reicht von der Notfall-Rettung gefährdeter Denkmale, pädagogischen Schul- und Jugendprogrammen bis hin zur bundesweiten Aktion „Tag des offenen Denkmals". Rund 400 Projekte fördert die Stiftung jährlich, vor allem dank der aktiven Mithilfe und Spenden von über 200.000 Förderern. Insgesamt konnte die Deutsche Stiftung Denkmalschutz bereits über 5.000 Denkmale mit mehr als einer halben Milliarde Euro in ganz Deutschland unterstützten. Doch immer noch sind zahlreiche einzigartige Denkmale in Deutschland akut bedroht.

Wir bauen auf Kultur – machen Sie mit!
Mehr Information auf
www.denkmalschutz.de

Spendenkonto
IBAN: DE71 500 400 500 400 500 4000
BIC: COBA DEFF XXX

Impressum
© Deutsche Stiftung Denkmalschutz
(Hrsg) Monumente Publikationen
2. Auflage 2017
Schlegelstraße 1, 53113 Bonn
Tel. 0228 9091-300
www.denkmalschutz.de
www.monumente-shop.de

Alle Rechte vorbehalten. Das Werk einschließlich aller seiner Texte ist urheberrechtlich geschützt. Jede Verwertung außerhalb der engen Grenzen des Urheberrechtsgesetzes ist ohne Zustimmung des Verlages unzulässig und strafbar. Das gilt insbesondere für Vervielfältigungen, Übersetzungen und die Einspeicherung und Verarbeitung in elektronischen Systemen.

Die Deutsche Nationalbibliothek verzeichnet diese Publikation in der Deutschen Nationalbibliografie; detaillierte bibliografische Daten sind im Internet über http://dnb.d-nb.de abrufbar.

Bildnachweis
Alle Fotos, die nicht einzeln nachgewiesen werden, stammen vom Autor selbst.
Weitere Fotografen:

Tourist-Information Michelstadt S. 12 u.l.; Ina Anders, Bremen S. 20 o.; Ville de Molsheim S. 33 u.l.; Museumslandschaft Hessen Kassel, Dieter Schwerdtle S. 35 u.r.; Andreas Schlote, Wiesbaden S. 38 u.; Wikimedia Commons: user:kilnburn S. 41, Pilecka S. 48 u.l., Eric Pouhier S. 52 u., Nino Barbieri S.53 u.; Stadtarchiv Wiesbaden, Thomas Weichel S. 53 o.; Stadt Wiesbaden S. 54 u.; Kurhaus GmbH, Stephan Richter, Wiesbaden S. 55 o.; Berliner Dom: Andreas Amann S. 55 u.l., Florian Monheim S. 55 u.r.; Dipl.-Ing. Manfred Beyer, Oldenburg S. 71 u.; Kurt Gramer, Bietigheim-Bissingen S. 91; Martin Rost, Stralsund S. 93; Marianne Anemüller, Hürth S. 94; Michael Lange, Kreischa S. 95; Thomas Helm, Schwerin S. 97

Redaktion: Gerlinde Thalheim
Satz: Rüdiger Hof, Wachtberg/Bonn
Goudy Old Style, Papier: BVS plus matt, 135 g
Druck: DZA Druckerei zu Altenburg GmbH

ISBN 978-3-86795-048-0